Gewusst wie!
LATEIN ohne Fehler

Die volle Punktzahl, wenn's drauf ankommt

von Martin Oberhuemer

PONS GmbH
Stuttgart

PONS
Gewusst wie!
LATEIN ohne Fehler

Die volle Punktzahl, wenn's drauf ankommt

von Martin Oberhuemer

Auflage A1 5 4 3 2 1 / 2011 2010 2009 2008

Anhang basiert auf:
ISBN 978-3-12-561395-9
ISBN 978-3-12-560799-6
ISBN 978-3-12-561390-4

Redaktion: Dr. Bettina Kratz-Ritter
Logoentwurf: Erwin Poell, Heidelberg
Logoüberarbeitung: Sabine Redlin, Ludwigsburg
Titelfoto: Vlado Golub, Stuttgart
Einbandgestaltung: Schmidt & Dupont, Stuttgart
Layout/Satz: Peter Renz, Stuttgart
Druck und Bindung: L.E.G.O. S.p.A., in Lavis (TN)
Printed in Italy
ISBN: 978-3-12-561422-2

So benutzt du dieses Buch

Bist du auch der Meinung, dass du eigentlich gute Lateinkenntnisse hast?
Du kennst dich zum Beispiel ganz gut in der Grammatik aus und hast ja auch
schon eine Menge Vokabeln gelernt!
Wenn da nur nicht diese blöden kleinen Fehler wären, die sich immer wieder
einschleichen...
Dann bist du hier genau richtig!

Das Buch **PONS Latein ohne Fehler** ist dein persönlicher Fehler-Sheriff, der dir
dabei hilft, hartnäckige und lästige Punktekiller zu vermeiden und dadurch in
Tests und Klassenarbeiten bessere Noten zu erreichen.

Du weißt selbst am besten, wo deine Schwächen liegen. Über das **Inhalts-
verzeichnis** findest du schnell zum richtigen Übungsbereich. Dort kannst du
typische Fehler in drei Schritten „erledigen": Zuerst findest du immer eine
kurze, präzise Einführung in das jeweilige Problem, danach kleine **Übungen**,
mit denen du dein Verständnis überprüfen kannst, und am Ende immer den
Merkzettel **Ad Acta!** zum Selbstausfüllen, mit dem du deine Fehler ein für
allemal zu den Akten legen kannst. Die **Lösungen** zu den Übungen findest du
im **Anhang**. Damit kannst du kontrollieren, ob du alles richtig gemacht hast.
Wenn du die Übungen zuerst auf ein Blatt Papier schreibst, kannst du sie spä-
ter noch einmal im Buch prüfen.

Vielleicht machst du manchmal aber auch Fehler in Latein, die dir gar nicht so
bewusst sind. Blättere doch einfach einmal durch das Buch – du findest hier
eine ganze Reihe von interessanten Phänomenen, die die **Formenlehre**, die
Satzlehre sowie den lateinischen **Wortschatz** betreffen. So wird der Fehler-
Sheriff zu deinem wertvollen Begleiter bei kniffligen Fragen zu unterschied-
lichsten Bereichen des Lateins – und du bekommst die volle Punktzahl, wenn's
drauf ankommt!

Viel Spaß mit dem Buch **PONS Latein ohne Fehler** und viel Erfolg mit der
lateinischen Sprache!

INHALTSVERZEICHNIS

Formenlehre

Satzlehre

INHALTSVERZEICHNIS

FORMENLEHRE

Welches Geschlecht? – Genus bestimmen

Woran ist das Geschlecht eines Nomens zu erkennen? Zwar gibt es Regeln, welche Wörter **Maskulina** und welche **Feminina** sind, doch leider kann man sich nicht immer darauf verlassen.

Selbsttest

Beherrschst du die Formen sicher? Wähle die richtige Form des Nomens: Ergänze die passende Endung.

a. Poeta doct_____ est.   *Der Dichter ist gelehrt*

b. Arbor alt_____ est.   *Der Baum ist hoch.*

c. Ignis pulch____, sed periculos_ est.   *Das Feuer ist schön, aber gefährlich.*

d. Humus bon__ necessari_ est, si   *Guter Boden ist nötig, wenn du guten*

    vinum bonum habere vis.   *Wein haben willst*

e. Sequana, qu____ Gallos a Belgis   *Die Seine, die die Gallier von den*

    dividit.   *Belgiern trennt.*

f. Aegyptus ab Alexandro   *Ägypten wurde von Alexander erobert.*

    expugnat__ est.

Achtung, Ausnahmen!

Die wichtigste Ausnahme ist das **natürliche Geschlecht**: Dabei sind alle Bezeichnungen für Männer **Maskulina**, alle für Frauen **Feminina**, selbst wenn sie nach den reinen Deklinationsregeln ein anderes Geschlecht hätten.
Außer Männern und Frauen gibt es noch andere Dinge, für die im Lateinischen das **natürliche Geschlecht** gilt:
Namen von Bergen und Flüssen sind **Maskulina** (aber: **flumen, -inis** ist Neutrum!).
Namen von Ländern, Inseln und Bäumen sind **Feminina**. Ebenso sind Namen von Städten auf **-us** **Feminina** (nicht aber von Städten auf **-um** oder **-i**)

Merksatz: „Männer, Berge, Flüsse, Wind
- immer **Maskulina** sind."

mons altus, **agricola firmus, pirata saevus, per Sequanam latum**
der hohe Berg; der starke Bauer, der wilde Pirat; durch die breite Seine

Merksatz: „Länder, Inseln, Städt' auf -us
- **weiblich** man gebrauchen muss."

Corinthus pulchra est; media in Aegypto
Korinth ist schön; mitten in Ägypten

Manche Wörter wie **comes, dux** oder **sacerdos** ändern ihr Geschlecht, je nachdem, ob sie einen Mann oder eine Frau bezeichnen.

Natura dux bona est.   *Die Natur ist eine gute Führerin.*
Tullius dux noster erat.   *Tullius war unser Führer.*

Hier passieren schnell einmal Fehler, da diese Regel übersehen wird. Vor allem im Satzzusammenhang kann man leicht vergessen, dass nicht alles, was gleich aussieht, auch zusammengehört:

Mercator piratas naves tardas oppugnaturos esse timuit.

Hier fragt man zunächst: Wer oder was ist *schwerfällig* (**tardus, a, um**)?
- der Kaufmann
- die Piraten
- die Schiffe

Die Piraten sind sicherlich männlich, also passt die weibliche Endung von **tardus, a, um** nicht zu ihnen. Es gibt nur einen Kaufmann im Satz, daher ist er nicht schwerfällig im Plural. Also bezieht sich **tardas** auf die Schiffe: **navis, is,** f.

FORMENLEHRE

Der Vollständigkeit halber sei ergänzt: **oppugnaturos** gehört zu **piratas.**

Der Kaufmann befürchtete, dass die Piraten die schwerfälligen Schiffe angreifen würden/könnten.

1 Ergänze die Adjektive in der passenden Form.

a. nautas (firmus) _____

b. muliere (pulcher) _____

c. piratas (ferus) _____

d. milites (multi) _____

e. iuvenem (magnus) _____

f. leonem (saevus) _____

g. Aegypti (antiquus) _____

h. Delphos (clarus) _____

i. flumina (latus) _____

j. Sagunti (Romanus) _____

2 Vervollständige die Sätze.

a. Graeci non solum magna aedificia, sed etiam multos philosophos poetasque

clar_____ habebant.

b. Poetae fabulas de deis, qu____ in Olympo monte vivebant, narraverunt.

c. Multi Delphos in montibus sit_____ adierunt, ut res futuras ex Apolline

quaererent.

Welches Geschlecht? – Genus bestimmen

d. In fabulis legimus reges magn_____ ibi fuisse, ut rogarent, quid contra

hostes suos agerent.

e. Responsa a Pythia, sacerdote Apollinis vaporibus[1] temulent____[2] fact____,

dabantur.

f. Ceter____ sacerdotes verba Pythiae explicabant.

Ad acta!

Bei so genanntem _____ Geschlecht können

Substantive andere Genera haben, als die Endung vermuten lässt.

So sind alle Bezeichnungen für _____, _____

und _____ Maskulina, alle Bezeichnungen für

_____, _____, _____

und _____ auf **-us** Feminina.

Im Übrigen gibt es Wörter, bei denen nicht an der _____ zu

erkennen ist, ob es sich um eine männliche oder eine weibliche Form handelt.

Diese Ausnahmen muss man auswendig lernen.

---

1   vapor, -oris, m.: *Dampf*
2   temulentus, -a, -um: *berauscht*

FORMENLEHRE

Welcher Fall ? - Verwechslung von Deklinationen vermeiden

Selbsttest

Übersetze diesen Satz:

Achaei brevi ceteros populos Graecos subegerunt.

So mancher beginnt diesen Satz mit: „Die kurzen Achäer" und gerät ins Stocken, weil der Satz so natürlich überhaupt keinen Sinn ergibt. Der Fehler passiert, weil beide Wörter mit dem Buchstaben **-i** enden.

Oft genügt es schon, den Nominativ eines Wortes zu wissen: Ein Wort, das im Nominativ auf **-us** endet, gehört entweder zur **o-** oder zur **u-**Deklination. Ein Wort, das im Nominativ auf **-is** endet, gehört zur Mischdeklination (3. Deklination).
In der letzteren endet der Plural nie auf **-i**. Da man am Prädikat erkennt, dass das Subjekt im Plural stehen muss, kann **brevi** gar nicht dazu gehören.

Außerdem gibt es Endungen, die nur in bestimmten Fällen vorkommen. So kann z.B. **-i** entweder Genitiv Singular oder Nominativ Plural in der o-Deklination sein oder Dativ Singular in der Mischdeklination (konsonantische Deklination), bei Adjektiven und reinen i-Stämmen auch Ablativ Singular. Die Endung **-es** aber kann nur Nominativ oder Akkusativ Plural sein.
So kann z.B. **pueri audaces** nur Nominativ Plural sein, da **pueri** nicht Akkusativ und **audaces** weder Genitiv noch Dativ Singular sein kann.

Hinter einer Präposition steht normalerweise direkt das zugehörige Wort im entsprechenden Fall. So ist **populo Romano** zwar noch zweideutig, kann nämlich Dativ oder Ablativ sein, zusammen mit der Präposition aber, **a populo Romano**, *muss* es ganz sicher Ablativ sein, da die Präposition **a** stets mit Ablativ steht.

3 Welche Adjektive und Pronomina passen zum Substantiv? Beachte die KNG-Kongruenz.

a. tempore   bona, bono, praeclaro, brevi, pulchre, pulchro, antiquo

b. comites   fideles, boni, bonis, novi, novos, nostri, nobis

c. orator   clarus, claro, bonus, prudens, poscentis

d. feminam   pulchra, prudentem, viventem, Romanam

4 Welcher Fall liegt vor? Woran erkennt man ihn?

multos homines _____   huic viro _____

in omnibus viis _____   imperatoris severi _____

viri fortis _____

Ad acta!

Es gibt im Lateinischen Endungen, die in verschiedenen Deklinationen unterschiedliche _____ bezeichnen können. Daher ist es wichtig, die gesamte _____ eines Wortes zu lernen, indem man den Genitiv mitlernt. Oft erkennt man die Form auch eindeutig daran, dass Substantiv und Adjektiv nur in dieser einen Form, die für _____ _____ passt, zusammen stehen und kongruent sein können.

FORMENLEHRE

Adjektiv und Substantiv – unterschiedliche Deklinationen

Selbsttest

Welche Adjektive bzw. Pronomina passen zu welchen Substantiven?

a. magistrum	g. ingens
b. patrum	h. acrem
c. gladium	i. severum
d. monstrum	j. Romanorum
e. frater	k. magnae
f. aedes	l. uterque

Wie im zweiten Kapitel „Welcher Fall?" bereits wiederholt, kann eine bestimmte Endung (z.B. **-um**) in der 3. Deklination (konsonantische oder auch Mischdeklination) etwas anderes bedeuten als in der a- und o-Deklination.

Man sollte auch daran denken, dass die Deklination eines Adjektivs eine andere sein kann als die des zugehörigen Substantivs. Denn Substantiv und Adjektiv müssen in Genus, Numerus und Kasus übereinstimmen, nicht aber in der Endung.

Auch bei Substantiven, die vom grammatischen Geschlecht abweichen, gilt diese Regel. So heißt es:

humus bona	*die gute Erde*
domus magna	*das große Haus*
equum celerem	*das schnelle Pferd*

Besonders wichtig ist es, diese Regel zu berücksichtigen, wenn Substantiv und Adjektiv nicht direkt nebeneinander stehen.

Ein weiteres Spezifikum des Lateinischen ist, dass oft lateinische Pluralwörter im Deutschen mit Singular übersetzt werden müssen. Das gilt entsprechend auch für Adjektive, die sich auf diese Wörter beziehen, und sogar für das Prädikat, falls die Wörter Subjekte sind.

Adjektiv und Substantiv

Divitiae Crassi magnae erant.
Der Reichtum des Crassus war groß.

Im Plural stehen auch Adjektive, die sich auf mehrere Substantive beziehen:

Asia, Aegyptus, Siciliae divites fructibus erant.
Asien, Ägypten und Sizilien waren reich an Früchten.

Der umgekehrte Fall liegt vor, wenn man **uterque** mit *beide* übersetzt:

Uterque frater fortissimus erat.
Beide Brüder waren sehr stark.

Man muss auch daran denken, dass Pronomina im Genitiv grundsätzlich **-ius** und im Dativ grundsätzlich **-i** haben:

Hoc non opus unius viri erat.
Das war nicht das Werk eines (einzigen) Mannes.

5 Ergänze die fehlenden Endungen.

a. Uterque consul_____ exercitui imperav_____.

b. Brutus Tarquinium, reg_____ superb_____, expulit.

c. Castra Caesaris maxim_____ era_____.

d. Nonnulli Galli naves bon_____ facere poterant.

e. Caesar ceter_____ milit_____ in castra misit.

f. Diogenes se nemin_____ parere dixit.

g. Flaminius imperator exercit_____ Romani erat.

h. Sacerdotibus Vestae null_____ vir_____ nubere licebat.

FORMENLEHRE

i. Aesopus servus _____dam philosophi erat.

j. Horatius aed_____ magn_____ sub urbe habuit.

Ad acta!

Substantive und Adjektive können zu _____ _____

gehören. Daher können die Endungen trotz KNG-Kongruenz _____

aussehen. Oft ist es verwirrend, wenn im Text das passende Adjektiv nicht

_____ neben dem Substantiv steht und eine andere _____

hat. Hier muss man sehr genau lernen und berücksichtigen, was zusammenge-

hört.

Zu beachten ist auch, dass lateinische Pluralwörter im Deutschen oft mit

_____ übersetzt werden müssen. Dies gilt, wenn das Pluralwort Sub-

jekt ist, auch für das Prädikat.

O Zeiten, o Sitten! – Zeiten erkennen

Selbsttest
Bestimme die Tempora (Zeiten) der folgenden Formen.

a. docet _____

b. ducet _____

c. aderant _____

d. adierant _____

e. laudaverunt _____

O Zeiten, o Sitten! – Zeiten erkennen

Es ist verwirrend, dass in verschiedenen Konjugationen verschiedene Zeiten gleich oder sehr ähnlich gebildet werden. So steht in der **i-**Konjugation und in der konsonantischen Konjugation das Tempuszeichen **-e-** für das Futur I, während es in der **e-**Konjugation zum Wortstamm gehört und somit das Präsens markiert.
Um hier Fehler zu vermeiden, muss man sehr genau wissen, zu welcher Konjugation ein Verb gehört. Also immer die 1. Person Präsens Singular mitlernen!

Das Plusquamperfekt wird bekanntlich mit den Endungen **-eram, -eras, -erat** gebildet, die aber zugleich auch Imperfektformen von **esse** sein können.
Zu Verwechslungen führen hier vor allem die Formen von **ire**, da bei diesen der Wortstamm nur aus **i-** besteht. Hier gilt die Regel, dass **esse** keine Formen bildet, die mit **i** beginnen.

Eine weitere Schwierigkeit ist bei den Verben der **a-** und **e-**Konjugation die Unterscheidung zwischen Indikativ Imperfekt (Bildung mit **-ba-**) und Futur I (Bildung in der **a-** und **e-**Konjugation mit **-bi-** und **-bu**). Hier gilt die Regel, dass im Indikativ Imperfekt **immer -ba-** steht, im Futur I dagegen auf das **-b-** irgendein Vokal, aber kein a folgt. (Eselsbrücke: „Im*ba*fekt"!).

Manche haben auch Probleme damit, dass die 3. Person Plural des Indikativ Perfekt Aktiv auf **-erunt** endet, das Futur II dagegen auf **-erint**, obwohl **erunt** eigentlich die Futurform von **esse** ist.

6 Setze ins Futur I. Aus den Anfangsbuchstaben der Verben, die bereits im Futur I stehen, ergibt sich ein Lösungswort.

a. laudabas _____

b. reges _____

c. ibo _____

d. cavet _____

e. comperiemus _____

FORMENLEHRE

f. habebunt   _____

g. dedit   _____

h. tanget   _____

i. tacent   _____

j. volunt   _____

k. intermittam   _____

l. videmus   _____

m. geretis   _____

n. imus   _____

Lösungswort:

7   **Esse** oder **ire**? Bilde die entsprechende Form des anderen Wortes.

a. eram   _____

b. ierat   _____

c. issem   _____

d. erunt   _____

e. ierint   _____

f. eris   _____

g. ierunt   _____

h. ibam   _____

i. essemus   _____

O Zeiten, o Sitten! – Zeiten erkennen

Ad acta!

Auch bei den Verben sind manche Formen leicht zu verwechseln.

Eine Schwierigkeit besteht vor allem darin, dass das Futur I der _____

und der _____ Konjugation mit _____ gebildet wird und so leicht mit

dem Präsens der _____-Konjugation verwechselt werden kann.

Auch können in der _____ und _____-Konjugation Imperfekt und Futur I

leicht verwechselt werden. Gut zu merken ist, dass der Indikativ Imperfekt im-

mer mit _____, nie mit einem anderen Vokal, gebildet wird.

Formen von _____ und _____ werden leicht verwechselt. Daher

merke: Formen von **esse** beginnen nie mit _____, Formen von **ire** häufig.

Wichtig ist auch, sich zu merken, dass die Endung _____ in der

3. Person Plural des Indikativ _____ vorkommt, nicht aber im

_____ oder _____ Perfekt.

FORMENLEHRE

Ähnlich ist nicht gleich – verschiedene Zusammensetzungen

Selbsttest 1

Was bedeuten folgende Präfixe?

a. dis-

d. super-

b. sub-/supp-

e. con-

c. ad-/acc-/aff-/att-

Selbsttest 2

Was bedeutet hier die Vorsilbe per-?

a. perire

b. permittere

c. permovere

Meist kann man die Bedeutung eines Kompositums erschließen, wenn man weiß, was das Präfix als solches bedeutet. Präfixe sind aus Präpositionen entstanden, z.B.:

per (m. Akk.)	*durch … hindurch*
cum (m. Abl.)	*mit, zusammen*
in (m. Abl./Akk.)	*in, in … hinein*
e/ex (m. Abl.)	*aus, aus … heraus*
de (m. Abl.)	*von, von … herab*
a/ab (m. Abl.)	*von, von … her*
ob (m. Akk)	*entgegen*
ad (m. Akk.)	*zu, an, bis*

Allerdings droht hier manche Verwechslungsmöglichkeit:

1. Manche Präfixe verändern sich, wenn sie mit dem nachfolgenden Konsonanten assimilieren, so, dass sie leicht zu verwechseln sind. Vor allem bei Zusammensetzungen mit **ad-** oder **a-, ab-** ist dies der Fall. Hier gilt die Regel:

> Wenn **ad-** mit einem Konsonanten assimiliert, wird dieser immer verdoppelt, z.B.:
> **accipere, afficere, apportare**
>
> Bei **a-/ab-** ist dies nie der Fall.

Eine weitere Verwechslungsmöglichkeit wegen Assimilierung besteht zwischen **super-** und **sub-**. Hier gilt:

> **super-** wird grundsätzlich nicht assimiliert, **sub-** hingegen kann sich assimilieren. Bsp.: **suppetere** *(ausreichen)* kann keine Zusammensetzung mit **super-** sein, da das **-er** fehlt).

Auch **de-** und **di(s)-** werden gelegentlich verwechselt. Hier hilft nur genaues Hinschauen.

2. Manche Präfixe können verschiedene Bedeutungen haben. So heißt **per-** zum einen *hindurch* (**percutere:** *durchstoßen*, **permittere:** *erlauben (*von: *durchlassen)*, zum anderen kann **per-** eine Verstärkung des Grundverbs ausdrücken. (**permovere:** *bewegen, erregen*, **perterrere:** *erschrecken)*.

3. Die Vorsilbe **in-** bedeutet bei Verben *hinein* (**inferre:** *hineintragen*), bei Adjektiven drückt sie dagegen das Gegenteil aus (**infirmus:** *„un-stark"*, *schwach*, **infelix:** *unglücklich)*. Allerdings kann es auch davon gelegentlich Ausnahmen geben (z.B. **intentus:** *(an-)gespannt)*.

4. Nicht alle Wörter, die mit einem von einer Präposition abgeleiteten Präfix zu beginnen scheinen, sind tatsächlich Zusammensetzungen mit Präpositionen (z.B. **imperare, subito**).

FORMENLEHRE

8 Erkläre die Bedeutung folgender Komposita.

a. improbus

b. afficere

c. concurrere

d. conficere

e. desperare

f. immittere

g. subire

h. persuadere

9 Unterscheide:

a. abesse – adesse

b. indico – indigno

c. attulimus – abstulimus

d. deferre – differre

Ad acta!

Bei der Übersetzung von Komposita muss man vor allem darauf achten,

_____ Präfixe (z.B. **ad** bzw. **a-/ab-**) nicht miteinander

zu verwechseln.

Auch gibt es Präfixe, die verschiedene Bedeutungen haben, z.B. _____

und _____. Das Präfix _____ hat bei Adjektiven eine andere

Bedeutung als bei Verben. Aufpassen muss man jedoch auf Adjektive, die von

Verben abgeleitet sind.

Das gibt's ja gar nicht! – Wiedergabe von Konjunktiv Perfekt und Futur II im Deutschen

Selbsttest

Übersetze:

a. Ubi Marcus redierit, cenam parabimus.

_____

b. Te rogo, ubi heri fueris.

_____

c. Caesar imperator bonus fuerit.

_____

d. Gaius mecum veniat!

_____

Besonders schwer fällt es, Formen im Deutschen sinnvoll wiederzugeben, die es dort entweder gar nicht gibt, wie den Konjunktiv Perfekt oder das Futur II, oder die im Deutschen anders gebraucht werden, wie der Konjunktiv Präsens. Dazu kommt, dass Konjunktiv Perfekt und Futur II (außer in der 1. Person Singular) die gleichen Formen bilden.

Man muss sich merken, dass Futur II **nur im Nebensatz** stehen kann, und zwar **nur dann**, wenn im Hauptsatz **Futur I** steht. Wir übersetzen Futur II meist mit Präsens oder Perfekt.

> **Si salvus rediero, deis sacrificabo.**
> *Wenn ich gesund zurückkomme, werde ich den Göttern opfern.*

Auch Konjunktiv Perfekt steht fast nur im Nebensatz, und zwar wenn im Hauptsatz Präsens oder Futur I steht und Konjunktiv erforderlich ist (nach **ut, ne, cum** und bei indirekten Fragen).

FORMENLEHRE

> **Nescio, quo Marcus ierit.**
> Ich weiß nicht, wohin Markus gegangen ist.

Konjunktiv Perfekt im Hauptsatz finden wir, wenn überhaupt, als Potentialis (in Aussagesätzen), d.h. in der Bedeutung *könnte / dürfte* oder in der Bedeutung *hoffentlich* (in Begehrsätzen).

Wichtig ist auch, die Formen im Konjunktiv Perfekt bzw. Futur II nicht mit denen im Indikativ Plusquamperfekt zu verwechseln:
-eras ist Plusquamperfekt, **-eris** Konjunktiv Perfekt oder Futur II.
Auch wird das Futur I von esse gern mit Futur II verwechselt. Dazu sollte man sich merken, dass **-ero, -eris** usw. nur die **Endung** ist, vor die dann noch ein Wortstamm zu stehen kommt.

> **Si negotia bona fuerint, domum novam emam.**
> Wenn die Geschäfte gut gehen, werde ich ein neues Haus kaufen.

Den Konjunktiv Präsens der **a-** und **e-**Konjugation kann man mit dem Indikativ Präsens der jeweils anderen Konjugation, bzw. mit dem Futur I der konsonantischen Konjugation verwechseln. Dort gilt: **-a-** steht für Konjunktiv Präsens, **-e-** für Futur I.

> **Marcus veniat.** *Markus könnte kommen.*
> **Marcus veniet.** *Markus wird kommen.*

10 Bestimme die kursiv gedruckten Formen und übersetze.

a. Claudia timet, cum Publius maritus in Asiam *abierit*.

_____

b. Deis promisit: „Si maritum salvum redire *siveritis*, sacrificabo."

_____

c. Cum ille diu non rediret, Claudia cogitabat: „Utinam ei nihil mali *acciderit*!"

_____

d. Marcus frater dixit: „Ventus non bonus *fuerit*. Tum plus temporis necesse *erit*."

_____

e. Claudia: „Utinam ne *erraveris*! Utinam salvus domum *veniat*."

_____

f. Marcus: „Cum Pompeius piratas *vicerit*, mare nunc tutius est.

_____

g. Timere, ne Publius *opprimatur*, non debemus.

_____

h. Mox, ut credo, salvus Romam *veniet*."

_____

Ad Acta!

Besonders schwer fällt die Übersetzung lateinischer Formen, die es im Deutschen entweder _____ gibt (Konjunktiv Perfekt, Futur II), oder die nicht ganz _____ werden können. Wir merken uns: Futur II steht nur im Nebensatz, wenn _____ im Hauptsatz steht. Auch Konjunktiv Perfekt im _____ ist selten. Konjunktiv Perfekt wird, abgesehen von der _____, gebildet wie das Futur II und daher häufig damit verwechselt. Er kann allerdings nur stehen, wenn der Nebensatz mit einer Konjunktion eingeleitet wird, die den _____ fordert, oder bei _____ Fragen.

FORMENLEHRE

Ich, du, mein, dein, sein – Pronomina

Selbsttest

Wähle die richtige Bedeutung aus.

1. Mihi Delphi serviunt.	a) Mein Delphi dient dir. b) Mir dient Delphi.
2. Tu itinere Neapolidem venies!	a) Du wirst auf dem Weg nach Neapel kommen. b) Auf deinem Weg wirst du nach Neapel kommen.
3. Consul tecum loqui vult.	a) Der Konsul will mit dir sprechen. b) Dein Konsul will sprechen.
4. Servum meum in forum misi.	a) Ich habe für mich einen Sklaven auf das Forum geschickt. b) Ich habe meinen Sklaven auf das Forum geschickt.

Häufig werden Personal- und Possessivpronomina verwechselt. Personalpronomina (z.B. **ego – ich**) stehen auf die Frage, wer etwas getan hat oder für wen etwas getan wurde. Die Deklination folgt wie im Deutschen keinem der bekannten Schemata, so dass jeder Kasus extra gelernt werden muss (z.B. **mihi** – *mir*; **te** – *dich*).

Man sollte auch daran denken, dass im Lateinischen der Besitzer mit **esse** + Dativ ausgedrückt werden kann, also etwa:

Mihi domus est. *Ich habe ein Haus.*

Die Form **mecum, tecum, secum, nobiscum, vobiscum** ist eine Zusammensetzung des Ablativs der Personalpronomina mit **cum** und hat nichts mit den Possessivpronomina zu tun.

Possessivpronomina zeigen dagegen den Besitzer einer Sache an. Sie werden nach der a-/o- Deklination dekliniert und haben fast immer ein Substantiv im gleichen Kasus bei sich.

Ich, du, mein, dein, sein – Pronomina

Ausnahmen:

Mei, tui, sui nostri, vestri	Meine, deine, seine / ihre, unsere, eure *Leute / Angehörigen*
Mea, tua, sua, nostra, vestra	Mein, dein, sein / ihr, unser, euer *Besitz*

Personalpronomina stehen dagegen grundsätzlich ohne Bezugswort, oder das Bezugswort ist durch Kommata abgetrennt.

Mene non vidisti?	*Hast du mich nicht gesehen?*
Num audes me, Caesarem, offendere?	*Wagst du etwa mich, Cäsar, zu beleidigen?*

11 Wähle die passende Übersetzung aus.

1. Amicus domum meam intrat.
   a) Der Freund betritt mit mir das Haus.   b) Der Freund betritt mein Haus.
2. Mihi duo equi sunt.
   a) Ich habe zwei Pferde.   b) Meine Pferde sind zwei.
3. Audi tu, princeps Gallorum!
   a) Höre, du, Fürst der Gallier!   b) Höre deinem Gallierfürsten zu!
4. Quisque sua servaturus erat.
   a) Jeder versuchte, sich zu retten.   b) Jeder versuchte, seinen Besitz zu retten.
5. Me rus recipiam.
   a) Ich werde mich aufs Land zurückziehen.   b) Ich werde meine Leute aufs Land aufnehmen.
6. Quisquis se ipsum cognoscere studeat!
   a) Jeder soll sich bemühen, sich selbst zu erkennen.   b) Jeder soll sich bemühen, selbst das Seine zu erkennen.

FORMENLEHRE

Ad Acta!

Wichtig ist es, zwischen Personal- und Possessivpronomina zu unterscheiden.

Erstere werden nach einer _____ Deklination, letztere nach

der _____ Deklination gebildet. Possessivpronomina im Singular stehen

nie ohne _____ im gleichen Kasus, während bei Per-

sonalpronomina das Bezugswort entweder fehlt oder durch _____

abgetrennt ist.

SATZLEHRE

Akkusativ + Infinitiv = AcI? - AcI und NcI

Selbsttest

Wo handelt es sich um einen AcI, wo um einen NcI, wo um keins von beiden?

a. Socrates sapiens fuisse dicebatur.
b. Sororem meam ab hostibus abduci vidi.
c. A custodibus non visi Germani oppugnaverunt.
d. Marcus se reventurum esse promisit.

Um Fehler zu vermeiden, reicht es zunächst schon einmal, sich den Namen klar zu machen: In einem AcI müssen ein Akkusativ und ein Infinitiv stehen, in einem NcI ein Nominativ und ein Infinitiv. Fehlt eines davon, kann die Konstruktion kein AcI bzw. NcI sein.

Der NcI ist eigentlich das Passiv des AcI; deshalb stehen bei NcI-Sätzen meistens die Hauptverben im Passiv.

Schwieriger ist es, beim AcI zwischen dem Akkusativ im AcI, der zum Subjekt des Nebensatzes wird, und einem Akkusativobjekt (im Hauptsatz oder innerhalb des AcI) zu unterscheiden. Oft ist dies nur dem Sinn nach möglich:

> **Oraculum Pyrrho eum Romanos vincere posse dixit.**
> *Das Orakel sagte Pyrrhus, dass er die Römer besiegen könne.*
> *(aber auch: dass die Römer ihn besiegen könnten.)*

Ein Problem ist auch, dass der **Infinitiv Präsens Passiv** oft nicht als solcher erkannt wird, vor allem bei Verben der 3. Konjugation (konsonantischen oder Mischkonjugation), bei denen die übliche Infinitivendung **-ri** fehlt:

> **Orpheus uxorem abduci vidit.**
> *Orpheus sah, dass seine Frau weggeschleppt wurde.*

Nicht immer müssen ein Akkusativ und ein Infinitiv in einem Satz zusammengehören. Dies kann man nur herausfinden, wenn man zuerst den Hauptsatz übersetzt:

SATZLEHRE

Agricolae propter solum malum dure laborare debent.
Die Bauern müssen wegen des schlechten Bodens hart arbeiten.

Ein Fehler, der oft bei der Übersetzung passiert, ist darin begründet, dass der Infinitiv im AcI keine absolute Zeitstufe, sondern lediglich ein Zeitverhältnis ausdrückt.

Caesar Helvetios provinciam oppugnav*isse* dixit.
Cäsar sagte, dass die Helvetier die Provinz angegriffen hatten.

1 Markiere in jedem Satz den AcI oder NcI und gib an, worum es sich handelt. Achtung: Ein Satz enthält keinen AcI/NcI.

a. Mater Marcum salvum rediturum esse sperat.

b. Helvetii milites Caesaris Rhodanum transisse viderunt.

c. Caesar cupidus potentiae esse putabatur.

d. Multi Ovidium optimum poetam esse putabant.

e. Rem publicam bene regi omnium interest.

f. Omnes homines mori debere scimus.

g. Quid nobis hac re dicere vis?

h. Neminem hoc umquam auditurum esse spero.

Ad acta!

	AcI	NcI
Prädikat steht im	_____	_____
Funktion im Satz	_____	_____
Problem beim Erkennen	Verwechslung mit _____ _____	_____ muss einbezogen werden (s. Satz c).
Zeitstufen	Zeit_____ zum Hauptsatz; dementsprechend oft mit anderer Zeitstufe zu übersetzen.	

-nd- oder -nt-: Ist da ein Unterschied? – Partizipien

Selbsttest

Übersetze die folgenden Sätze. Welche Form von **spectare** liegt jeweils vor?

a. Amicis spectantibus Gaius per Campum Martium cucurrit.

_____

b. Ad amicos spectandum Gaius in Campum Martium iit.

_____

c. Amicos spectando Gaius natare didicit.

_____

d. Gaius amicos spectantes salutavit.

_____

e. Gaius amicos rogavit: „Quis iste vir a vobis spectatus est?"

_____

SATZLEHRE

Oft wird das Partizip Präsens mit dem Partizip Perfekt oder auch mit dem Gerundium verwechselt. Die Verwirrung wird durch unterschiedliche Deklinationen oft noch größer.

Es gibt eine relativ einfache Unterscheidung: Alle Formen des **Partizip Präsens** haben die Einfügung **-nt-** zwischen Wortstamm und Endung (außer im Nominativ Singular sowie im Akkusativ Singular Neutrum: dort heißt es **-ns**).
Bei allen Formen des **Gerundiums** und des **Gerundivums** dagegen steht zwischen Wortstamm und Endung **-nd-.**
Beim **Partizip Perfekt** gibt es zwar zahlreiche unregelmäßige Bildungen auf **-tus / -ta / -tum**, jedoch steht vor dem **-t-** nie ein n.

Das Partizip Präsens ist aktiv. So lautet die Grundübersetzung von **laudans, monens, veniens** etc. *lobend, mahnend, kommend* etc.
Das Partizip Perfekt ist dagegen vorzeitig und passivisch. So ist **laudatus, monitus, auditus** gleich *gelobt, ermahnt, gehört (worden)*.
Das Gerundium ist eigentlich der substantivierte Infinitiv. **Laudandi** heißt also *des Lobens*. Sämtliche Formen des Gerundiums können davon hergeleitet werden.

Weiter ist darauf zu achten, dass das Partizip mit dem Bezugswort in Kasus, Genus und Numerus übereinstimmen muss (KoNGruenzregel; KNG-Kongruenz).

2 Bestimme, ob Partizip oder Gerundium vorliegt, und gib den Fall an. Wo ist das „Kuckucksei"?

a. laudandum   _____

b. laudantium   _____

c. laudatum   _____

d. laudantis   _____

e. laudandis   _____

f. laudati   _____

g. laudandi   _____

h. laudanti   _____

i. centum   _____

j. cedendum   _____

k. censum   _____

l. cedentium   _____

-nd- oder -nt-: Ist da ein Unterschied? – Partizipien

3 Welcher Übersetzungsfehler ist hier passiert?

a. Caesar ad milites Germanos timentes locutus est.

*Cäsar sprach zu den Soldaten, weil er sich vor den Germanen
fürchtete.*

b. Caesar ad Galliam expugnandum profectus est.

Cäsar brach ins eroberte Gallien auf.

c. Cicero comites Catilinae scelestos necandos putavit.

Cicero hielt die Gefährten Catilinas für mordende Verbrecher.

d. Paludibus siccandis Caesar miseriam populi multis morbis laborantis lenivit.

*Indem er die Sümpfe trocken legte, linderte Cäsar die Not des
Volkes durch viele arbeitende Krankheiten.*

e. Claudium necando Agrippina Neronem filium imperatorem fecit.

*Nach dem Tod des Claudius machte Agrippina ihren Sohn Nero
zum Kaiser.*

f. Cicero dicendi artis peritus erat.

Der Redner Cicero war erfahren in der Kunst.

Ad acta!

Um Verwechslungen zwischen Partizip und Gerundium / Gerundivum zu vermeiden, gilt die Faustregel:

Alle Formen vom Partizip Präsens haben _____.

Alle Formen vom Gerundium haben _____.

Die meisten Formen vom Partizip Perfekt haben ___ ohne __ zwischen Wortstamm und Endung.

SATZLEHRE

Etwas zu Beachtendes – Gerundium und Gerundivum

Selbsttest

Korrigiere die Übersetzungsfehler:

a. Caesar Helvetiis hoc non concedendum esse putavit.
Cäsar glaubte, dass dies den Helvetiern nicht erlaubt würde.

b. Caesar summae potestatis in imperio capiendae cupidus erat.
Cäsar war dadurch, dass er die höchste Macht übernommen hatte, begierig nach der Herrschaft.

c. Multi Romani filios in Graeciam ad philosophos audiendos mittebant.
Viele Römer schickten ihre Söhne nach Griechenland zu Philosophen, die man hören musste.

d. Imaginem suam in templum eorum ponendo Caligula iram Iudaeorum incitavit.
Als sie ihr Bild in ihrem Tempel aufstellten, reizte Caligula den Zorn der Juden.

e. Iudici utraque pars audienda est.
Beide Seiten müssen den Richter hören.

Wie im Partizip-Kapitel gesehen, können Gerundium und Gerundivum leicht mit dem Partizip verwechselt werden.

Ein weiteres Problem ist, dass man oft die Kasus verwechselt oder unsicher ist, ob man bei Formen ohne **esse** die Übersetzung mit „müssen" (prädikative Form) oder je nach Kasus die Form „dadurch, dass" bzw. „zu" oder „um ... zu" (attributive Form) wählt. Oft ist hier nur dem Sinn nach die richtige Übersetzung zu wählen, auch wenn selbstverständlich die Grundregel gilt: Gerundiv mit **esse** heißt „müssen", Gerundium und Gerundiv ohne esse nicht.

Oft wird beim Gerundiv mit **esse** auch der **Dativus Auctoris** mit dem Nominativ verwechselt, also derjenige, der etwas tun muss, mit demjenigen, für den es getan werden muss.

Eine weitere Schwierigkeit beim Gerundivum ist, dass man nicht von der Bedeutung des Objekts (das im Satz in der Regel zuerst steht) auszugehen hat, sondern von der des Verbums.

Etwas zu Beachtendes – Gerundium und Gerundivum

4   Wähle die richtige Übersetzung!

1. Caesar socios sibi defendendos esse contendit.
   a.   Cäsar behauptete, dass die Bundesgenossen ihn verteidigen müssten.
   b.   Cäsar behauptete, dass er die Bundesgenossen verteidigen müsse.

2. Caesar Ararem uno die transeundo Helvetios terruit.
   a.   Caesar erschreckte die Helvetier, indem er die Saône in einem Tag überschritt.
   b.   Caesar erschreckte die Helvetier, um die Saône an einem Tag zu überschreiten.

3. Helvetii facultatem Galliae oppugnandae quaerebant.
   a.   Die Helvetier suchten eine Möglichkeit für Gallien, das angegriffen werden musste.
   b.   Die Helvetier suchten eine Möglichkeit, Gallien anzugreifen.

4. In Galliam expugnando Caesar Gallos moribus inter se differre vidit.
   a.   Bei der Eroberung Galliens erkannte Cäsar, dass die Gallier sich untereinander in ihren Sitten unterschieden.
   b.   Dadurch, dass er Gallien eroberte, erkannte Cäsar, dass die Gallier sich untereinander in ihren Sitten unterschieden.

Ad acta!

Fehler bei der Übersetzung des Gerundivums und Gerundiums rühren vor allem

daher, dass die _____ verwechselt werden oder dass nicht zwischen

dem _____ und dem _____ Gerundivum

unterschieden wird. Wichtig ist auch, zu überlegen ob die Übersetzung mit

_____ oder mit dem substantivierten Infinitiv mehr Sinn macht.

SATZLEHRE

Absolut Ablativ - Der Ablativus Absolutus

Selbsttest

Wo handelt es sich um einen Ablativus Absolutus?

a. Multi Romani divites cibis e terris alienis venientibus fruebantur.
b. Iuno Aeolo comite usus est, ut classem Aeneae deleret.
c. Traiano imperatore Plinius et Tacitus multa opera clara faciebant.

Der Ablativus Absolutus wird häufig mit einem gewöhnlichen Ablativ verwechselt. Die Unterscheidung ist allerdings leichter als beim Partizip: Ein Ablativus Absolutus liegt nur dann vor, wenn der Ablativ nicht Objekt im Hauptsatz ist. D.h. dass der Ablativ nicht als Objekt in den Satz eingebunden, sondern ‚losgelöst' ist: absolutus.

Es gibt eine Reihe von Verben (etwa die Deponentia **uti, frui, fungi** und Verben, die mit Trennung oder Befreiung zu tun haben (wie **carere, liberare**), die den Ablativ als Objekt bei sich haben. Dieses Objekt kann, wie oben in den Beispielen a. und b., durch ein Partizip ergänzt werden, das dann allerdings Attribut ist und mit Relativsatz übersetzt wird, während der Ablativus Absolutus ein Adverbiale ist und mit adverbialem Nebensatz übersetzt werden muss.

Da der Ablativ im Plural, in der **o**-Deklination und den **i**-Stämmen der 3. Deklination (andere Bezeichnung: **i**-Deklination) auch im Singular gleich dem Dativ ist, ist auch hier die Gefahr einer Verwechslung gegeben.

Am sichersten ist diese zu vermeiden, wenn man zuerst den Hauptsatz übersetzt. Nur wenn dann noch zwei Substantive oder ein Substantiv und ein Adjektiv oder Partizip im Ablativ stehen bleiben, kann es sich um einen Ablativus Absolutus handeln. Im Beispiel b. des Selbsttests ist dies nicht der Fall.

Im ersten Beispiel a. erkennen wir, dass **venientibus** nicht das direkte Objekt sein kann (*„Sie genossen die kommenden"*). Somit kommt nur **cibis** als Objekt in Frage. Da Länder nicht kommen können, kann **venientibus** nur zu **cibis**, nicht zu **terris alienis** gehören. Somit ist hier der Ablativus Absolutus zwar grammatikalisch möglich, gibt aber keinen Sinn.

5 Abl. abs. oder nicht: Was kann es sonst noch sein?

a. Brutus Pompeio a Caesare victo faverat.

b. Caesare mortuo multi senatum potestatem priorem iterum recepturum esse
speraverunt.

c. Nam imperium nunc viris summae potestatis cupidis vacare putaverunt.

d. Octavianus et Antonius foedere facto adversarios vicerunt.

e. Augusto imperatore multi poetae et scriptores opera faciebant.

f. Augustus Caesari divo declarato templum aedificavit.

Ad acta

Einen Ablativus Absolutus erkennt man daran, dass, _____ man

den Hauptsatz gefunden hat, zwei _____ oder ein Sub-

stantiv und zusätzlich ein _____ oder ein _____

stehen bleiben.

Auch dann liegt allerdings nicht immer ein Ablativus Absolutus vor. Man muss

daher prüfen, ob der _____ passt.

SATZLEHRE

Komplizierte Beziehungen - Adjektive richtig zuordnen

Selbsttest

Erkläre die Fehler:

a. Gallia libera non iam est.

Das freie Gallien ist nicht mehr.

b. Galli acriter pugnantes Romanos arcere non poterant.

Die heftigen Gallier konnten im Kampf die Römer nicht abwehren.

c. Ne onus grave quidem Herculem oppressit.

Nicht einmal die Last drückte Herakles schwer nieder.

d. Hercules, longe fortissimus omnium virorum, leonem quaesivit.

Lange suchte Herakles, der stärkste aller Männer, nach dem Löwen.

Wichtig ist es im Lateinischen, zwischen Adjektiven und Adverbien zu unterscheiden. Ein Adjektiv wird dekliniert und beantwortet die Frage „Wie ist etwas?" Ein Adverb beantwortet dagegen die Frage „Wie geschieht etwas?" und wird nicht dekliniert. Adverbien, die von Adjektiven der **a-/o-**Deklination abgeleitet werden, enden auf **-e**, Adverbien, die von Adjektiven der 3. Deklination (Mischdeklination) abgeleitet werden, auf **-iter**. Bei Adverbien, die von Adjektiven der 3. Deklination (Mischdeklination) auf **-ns**, **-ntis** abgeleitet werden, wird nur **-er** an den Wortstamm angehängt.

> Die Endung **-e** steht bei Adjektiven der 3. Deklination nicht für das Adverb, sondern für den Singular des Neutrums (siehe c.: **onus grave**).

Auch ist zwischen adjektivischem und prädikativischem Gebrauch von Adjektiven zu unterscheiden. Grundsätzlich stehen bei **esse**, aber auch bei einigen anderen Verben Adjektive, die zum Prädikat gehören und im Deutschen keine Endungen haben. Hier kann man oft nur nach dem Sinn übersetzen:

Komplizierte Beziehungen - Adjektive richtig zuordnen

Mare altum est.
Das Meer ist tief.
Hoc consilium bonum videtur.
Dieser Plan scheint gut.
Aristides iustus putabatur.
Aristides galt als gerecht.

Wenn man das Prädikat übersetzt hat, zeigt sich bei einigen Verben (sein, scheinen, gelten als), dass ein Prädikatsnomen fehlt (d.h.: Was ist er? Als was erscheint / gilt er?)

Wenn in einem Satz sowohl ein attributives als auch ein prädikatives Adjektiv vorkommt, steht in der Regel das attributive zuerst:

Flumen altum periculosum est.
Der tiefe Fluss ist gefährlich.

Dass manche Adverbien wie **longe** beim Superlativ oft in bestimmten Zusammensetzungen anderes bedeuten als normalerweise, ist etwas, das man nur auswendig lernen kann.

6 Wähle die richtige Übersetzung.

1. Difficile erat oppidum invenire.
    a. ⬜ Es war schwierig, die Stadt zu finden.
    b. ⬜ Die schwierige Stadt war zu finden.

2. Vulnus grave Marcum impedivit.
    a. ⬜ Die schwere Verletzung hinderte Markus.
    b. ⬜ Die Verletzung behinderte Markus schwer.

3. Clodius falso liberalis putabatur.
    a. ⬜ Der falsche Clodius wurde für freigebig gehalten.
    b. ⬜ Clodius wurde fälschlich für freigebig gehalten.
    c. ⬜ Clodius wurde frei für falsch gehalten.

4. Navis parva celeris est.
   a. ☐ Das schnelle Schiff ist klein.
   b. ☐ Das kleine Schiff ist schnell.

5. Tyrus urbs longe praeclarissima Phoenicum erat.
   a. ☐ Tyros war lange die prächtigste Stadt der Phönizier
   b. ☐ Die Stadt Tyros war lange die prächtigste der Phönizier.
   c. ☐ Tyros war bei weitem die prächtigste Stadt der Phönizier.

6. Hannibal diligenter proelia parans Romanos vicit.
   a. ☐ Hannibal besiegte die Römer, weil er die Kämpfe sorgfältig vorbereitete.
   b. ☐ Hannibal besiegte die Römer, weil er sorgfältige Kämpfe vorbereitete.
   c. ☐ Hannibal besiegte die Römer sorgfältig, weil er Kämpfe vorbereitete.

Ad Acta!

Adjektive können _____, verwendet werden, d.h., dass sie eine

Person näher beschreiben, oder _____. Letzteres ist vor

allem bei Wörtern wie *sein, gelten* oder *scheinen* häufig. Bei manchen Verben

(z.B. *sein, scheinen*) ist ein _____ nötig.

Adverbien erkennt man an der _____, wobei wichtig ist, sich zu

merken, dass die Adverbien der **a-/o-**Deklination auf **-e** enden, was dem

_____ bei Adjektiven der 3. Deklination

(Mischdeklination) entspricht.

„Für" immer mit Akkusativ? – Präpositionen

Selbsttest

Ergänze die fehlende Endung und übersetze die Präposition.

a. Pueri ad port_____ stant.

b. Sine amic_____ vita tristis est.

c. Legatus pro Caesar_____ ad Helvetios iit.

d. Ad Marc_____ eamus!

Bei den lateinischen Präpositionen gibt es einige Schwierigkeiten. Zum einen entspricht die Bedeutung nicht immer genau der deutschen. So kann sowohl **de** als auch **ab** *von* heißen, jedoch mit unterschiedlicher Bedeutung. Umgekehrt muss man **ad** manchmal mit *zu*, manchmal mit *bei* übersetzen, **in** manchmal mit *in*, manchmal mit *auf* und manchmal mit *nach*. Die Bedeutungen ist bei jeder einzelnen Präposition zu lernen; zu erklären gibt es hier nicht viel.
Ein weiteres Problem sind die Kasus. So kann man sich absolut nicht darauf verlassen, dass eine Präposition im Deutschen mit demselben Kasus steht wie im Lateinischen. Hierfür gibt es den Merkspruch:

> **A, ab e, ex** und **de, cum** und **sine, pro** und **prae**
> Ablativ seit eh und je.

Im Übrigen stehen **in** und **sub** auf die Frage „Wohin?" mit dem Akkusativ, auf die Frage „Wo?" mit dem Ablativ. Die übrigen Präpositionen stehen im Lateinischen mit dem Akkusativ.

Auch wenn man nicht selbst lateinische Sätze bilden muss, ist es sinnvoll, dies zu wissen, da gelegentlich, etwa beim Gerundium, eine Rahmenstellung vorliegt, d.h. zwischen Präposition und Bezugswort ein anderes Wort steht:

SATZLEHRE

> **ad pecuniae parcendum**
> *um Geld zu sparen*

Wenn man weiß, dass **ad** mit Akkusativ steht, kann **pecuniae** nicht dazu gehören.

7 Übersetze die kursiv gedruckten Satzteile.

a. Marcus *ab Italia* abiit.
b. *Ad litteris studendum* in Graeciam ire vult.
c. *In navem quaerendo* Gaium cognovit.
d. Gaius *pro mercatore* laborat, qui eum *in Asiam* misit.
   Pro hieme domum redire debet.
e. Multos dies *per mare* navigant.
f. *Super eos* nauta sedet, qui mare observat.
g. *In itinere* Gaius *de Asia* narrat.
h. Athenis Marcus *de nave* descendit.

8 Korrigiere die Übersetzungsfehler.

a. In Capitolio templum Iovis stat.

   Im Kapitol steht der Jupitertempel.

b. Caesar in Galliam iit.

   Cäsar ging in Gallien.

c. Argo per Pontum navigavit.

   Die Argo fuhr durch das Schwarze Meer.

d. Domus mea post Colosseum est.

   Mein Haus ist nach dem Kolosseum.

e. Caesar legatum ad Helvetios misit.

   Cäsar schickte einen Gesandten an die Helvetier.

„Für" immer mit Akkusativ? – Präpositionen

Ad acta

Man sollte sich merken, dass Präpositionen im Lateinischen oft mit einem anderen _____ stehen als im Deutschen. Dies ist wichtig, um zu erkennen, wenn sich eine Präposition nicht auf das Wort bezieht, das _____ hinter ihr steht (z.B. beim _____).

Auch können lateinische Präpositionen je nach Kontext verschiedene deutsche Bedeutungen haben. Daher reicht es nicht, _____ Bedeutung zu lernen. Bei der Übersetzung entscheidet der _____.

Wie sag ich's auf Deutsch? - Übertragung typisch lateinischer Konstruktionen

Selbsttest

Worin besteht der Übersetzungsfehler?

a. Helvetiis in patriam redeuntibus Caesar in Galliam profectus est.

Weil die Helvetier in die Heimat zurückkehrten, rückte Cäsar nach Gallien vor.

b. Caesare necato Antonius foedus cum Octaviano fecit.

Nachdem er Cäsar getötet hatte, schloss Antonius ein Bündnis mit Oktavian.

c. Mater Marcum in Graeciam navigaturum monuit, ut piratas caveret.

Die Mutter ermahnte Markus, um nach Griechenland zu fahren, dass er sich vor Piraten in Acht nehmen sollte.

SATZLEHRE

Eine gute Übersetzung muss nicht nur korrekt sein, sondern auch den Sinn des lateinischen Satzes treffen. Dies ist manchmal schwierig bei Konstruktionen wie dem Ablativus Absolutus, die mehrdeutig und im Deutschen gar nicht vorhanden sind.

So gilt: Bei Partizipialkonstruktionen (einschließlich Ablativ mit Partizip) sollten grundsätzlich Hauptsatz und Partizipialkonstruktion getrennt übersetzt werden. Dann sollte man sich den Zusammenhang überlegen. Diese Regel gilt auch bei mehrdeutigen Konjunktionen (**ut, cum**).

Die Übersetzung eines PPP im Ablativus Absolutus mit Aktiv (Beispiel b.) ist nur dann möglich, wenn das Subjekt des Hauptsatzes auch Urheber der Handlung im Ablativus Absolutus ist. Solange man nicht weiß, ob dies der Fall ist, sollte man zunächst bei der passiven Übersetzung bleiben.

Eine aktive Form im Lateinischen wird dagegen **nie** mit Passiv übersetzt.

> **Leone necato Hercules Mycenas rediit.**
> *Nachdem der Löwe getötet worden war, kehrte Herakles nach Mykene zurück.*
> Besser: *Nachdem er den Löwen getötet hatte, kehrte Herakles nach Mykene zurück.*

Eine Übersetzung des Partizips Futur Aktiv mit *zu, um zu* ist nur möglich, wenn das Subjekt von Haupt- und Nebensatz identisch ist.

> **Mercator in Graeciam navigaturus navem emit.**
> *Der Händler kaufte ein Schiff, um nach Griechenland zu fahren.*
> **Pater filio in Graeciam navigaturo magnam pecuniam dedit.**
> *Der Vater gab seinem Sohn, der nach Griechenland fahren wollte, viel Geld.*

9 Wähle die beste Übersetzung (in einem Fall gibt es zwei Möglichkeiten).

1. Multis hominibus spectantibus Caesar triumphum egit.
   a. ☐ Cäsar machte einen Triumphzug, weil viele Menschen zuschauten.
   b. ☐ Cäsar machte einen Triumphzug, während viele Leute zuschauten.
   c. ☐ Cäsar machte einen Triumphzug und viele Leute sahen zu.

2. Didone relicta Aeneas in Italiam iit.
   a. ☐ Weil er Dido verlassen hatte, ging Äneas nach Italien.
   b. ☐ Nachdem Dido verlassen worden war, ging Äneas nach Italien.
   c. ☐ Nachdem er Dido verlassen hatte, ging Äneas nach Italien.

3. Gallia expugnata senatores nimiam potestatem Caesaris timuerunt.
   a. ☐ Nachdem sie Gallien erobert hatten, fürchteten die Senatoren eine zu große Macht Cäsars.
   b. ☐ Weil sie Gallien erobert hatten, fürchteten die Senatoren eine zu große Macht Cäsars.
   c. ☐ Nachdem Gallien erobert worden war, fürchteten die Senatoren eine zu große Macht Cäsars.

4. In Graeciam reversurus Alexander Magnus mortuus est.
   a. ☐ Alexander der Große starb, als er vorhatte, nach Griechenland zurückzukehren.
   b. ☐ Alexander der Große starb, um nach Griechenland zurückzukehren.
   c. ☐ Alexander der Große starb, als er nach Griechenland zurückgekehrt war.

5. Agrippina Neronem imperatorem factura Claudium necavit.
   a. ☐ Agrippina tötete Claudius, um Nero zum Kaiser zu machen.
   b. ☐ Agrippina tötete Claudius, weil sie wollte, dass Nero zum Kaiser gemacht wurde.
   c. ☐ Agrippina tötete Claudius, weil sie Nero zum Kaiser machen wollte.

SATZLEHRE

Ad Acta!

Die Schwierigkeit bei einigen lateinischen Konstruktionen (etwa Ablativus

Absolutus) ist es, _____ im Deutschen zu treffen, da gram-

matikalisch mehrere Übersetzungen möglich sind. Um dies zu erreichen,

übersetzt man im Zweifelsfall Hauptsatz und Ablativus Absolutus

_____ und überlegt dann den inhaltlichen Zusammen-

hang.

Es kann manchmal sinnvoll sein, ein PPP mit _____ zu übersetzen.

Dazu muss man aber wissen, ob diese Übersetzung nicht den _____

verfälscht. Das Umgekehrte, nämlich beispielsweise PPA oder PFA mit

_____ zu übersetzen, ist allerdings _____.

Mit _____ (*um ... zu, zu*) übersetzen wir nur, wenn im

_____ und im _____ das gleiche Subjekt steht.

WORTSCHATZ

Vorsicht vor falschen Freunden! – Wortverwechslungen

Selbsttest

Übersetze:

a. Hoc fere dixit.

_____

b. Dominus servum amphoras in domum ferre iussit.

_____

c. Salutem patris curo.

_____

d. Consulem salutes!

_____

e. Iste vir imperatorem offendit.

_____

f. Vires me deficiunt.

_____

Es gibt zahlreiche lateinische Wörter, die ähnlich aussehen und häufig verwechselt werden (z.B. **monere** – **manere**, **locus** – **locutus**). Um diese zu unterscheiden, sollte man sich folgendes merken:

- Der lateinische Wortstamm bleibt in der Regel unverändert. Aus **mon-** z.B. wird niemals **man-**.
- Konsonantenverdoppelungen in bestimmten Tempora finden, anders als im Englischen, nicht regelmäßig statt. Wenn sie bei einem Verb vorkommen, so ist dies an den Stammformen zu erkennen.

WORTSCHATZ

- Es gibt vereinzelt gleiche oder ähnliche Wörter aus verschiedenen Deklinationen (z.B. **viri** und **vires**). Diese lassen sich nur unterscheiden, indem man die Endungen mitlernt. Oft passt auch dem Sinn nach nur eine Bedeutung.
- Bei Wörtern aus derselben Wortfamilie können geringfügige Unterschiede im Wortstamm bestehen (v.a. u → v wie bei **salus – salvus**) Auch können bei Komposita Vokale abgeschwächt werden (z.B. **capere – accipere**). Was aber nie vorkommt, ist, dass unvermittelt neue Konsonanten auftauchen: So besteht z.B. keinerlei Zusammenhang zwischen **onus** und **omnia**.
- Gelegentlich ändert sich die Bedeutung eines Lehnworts oder Fremdworts. So heißt **interesse** nicht *sich interessieren für*, sondern schlicht *teilnehmen an*.
- Es können im Deutschen oder in anderen Sprachen durchaus ähnlich klingende Wörter existieren, die aber nichts mit dem lateinischen Wort zu tun haben (z.B. **totus** und *tot*).

1 Korrigiere die Übersetzungsfehler.

Bsp.: Mare tutum habere volumus. ≠ *Wir wollen das ganze Meer haben.*
(Richtig: *Wir wollen das Meer sicher haben*. Hier wurde **totus** mit **tutus** verwechselt!)

a. Servi Graeci liberos docebant.

Griechische Sklaven führten die Kinder.

b. Servus amphoram vini plenam affert.

Der Sklave bringt eine Amphore voll Wein weg.

c. Mores maiorum servare debetis.

Ihr sollt den Tod der Vorfahren bewahren.

d. Nioba regina multis liberis ab ea partis superba erat.

Die Königin Niobe war stolz auf die vielen Kinder, die ihr ge-
horchten.

Vorsicht vor falschen Freunden! – Wortverwechslungen

e. Dominus hospitem salutavit.

Der Herr heilte den Gast.

f. Cicero hanc fere orationem habuit.

Cicero hielt diese wütende Rede.

g. Nemo equos Diomedis domabat.

Niemand schenkte die Pferde des Diomedes.

Ad acta!

Um Fehler durch Verwechslung von Wörtern zu vermeiden, ist es wichtig,

genau auf Unterschiede im _____ zu achten, da dieser sich

in der Regel auch in den verschiedenen Kasus und Tempora nicht ändert.

Auch auf ähnlich klingende Wörter im Deutschen oder Englischen ist nicht

hundertprozentig Verlass, weil Lehn- und Fremdwörter _____

_____ und scheinbar ähnliche Wörter einen

_____ Ursprung haben können.

WORTSCHATZ

Einmal falsch, alles falsch? – Konsequenzen falscher Bedeutungswahl

Selbsttest

Übersetze die Wendungen mit der passenden Bedeutung.

a. Galla cenam parat.

_____

b. Marcum visitare paro.

_____

c. Romam contendimus.

_____

d. Caesar cum Pompeio contendit.

_____

e. Hic vir se futura videre posse contendit.

_____

Manche lateinischen Wörter sind nicht eindeutig zu übersetzen. Bei einigen hängt die Übersetzung von der Konstruktion ab. So heißt z.B.

consulere aliquem	_jemand befragen, beraten_
consulere alicui	_für jemanden sorgen_
parare aliquid	_etwas vorbereiten_
parare facere aliquid	_vorhaben, etwas zu tun_
persuadere, ut ... (+Konj.)	_überreden_
persuadere (+AcI)	_überzeugen_
providere aliquid	_etwas voraussehen_
providere alicui	_für jemanden sorgen_
praestare (alicui) aliquid	_(jemandem) etwas leisten (z.B. einen Dienst)_

Einmal falsch, alles falsch?

praestare alicui (aliqua re)	*jemandem (in einer Sache) überlegen sein*
rogare, ut ...	*darum bitten, dass*
rogare, an / quid / quis ...	*fragen, ob / wer / was...*

Bei anderen Verben, z.B. **contendere** oder **petere**, kann man sich nur auf den Sinn verlassen (siehe Selbsttest).

2 Wähle die beste (kursiv gedruckte) Übersetzung.

a. Marcus in Graeciam ire paravit.

Markus *bereitete vor / hatte vor* nach Griechenland zu gehen.

b. Claudia patri persuasit, ut ei tunicam novam emeret.

Claudia *überredete / überzeugte* ihren Vater, ihr eine neue Tunika zu kaufen.

c. Gladiatores summo cum studio contenderunt.

Die Gladiatoren *kämpften mit höchstem Eifer / strengten sich mit höchstem Eifer an*.

d. Lucius thesaurum in agro invenit.

Lucius *fand / erfand* einen Schatz im Acker.

e. Caesar familiam suam ab Aenea ortam esse contendit.

Cäsar *kämpfte / behauptete*, dass seine Familie von Äneas abstammte.

f. Poeni pacem a Romanis petiverunt.

Die Punier *forderten Frieden von den Römern / baten die Römer um Frieden*.

g. Lupa Romulo Remoque providit.

Eine Wölfin *sah Romulus und Remus im Voraus / sorgte für Romulus und Remus*.

h. Nemo eruptionem Vesuvii montis providit.

Niemand *sah den Ausbruch des Vesuv voraus / niemand sorgte für den Ausbruch des Vesuv*.

49

WORTSCHATZ

Ad Acta!

Es gibt im Lateinischen eine Reihe mehrdeutiger Verben. Während bei einigen

die richtige deutsche Übersetzung von der _____

abhängt (z.B. **providere**), kann man bei anderen (z.B. **contendere**) nur nach

dem _____ gehen.

Ein Fehler kommt selten allein – Konsequenzen falscher Übersetzungen

Selbsttest

Erkläre die farbig markierten Fehler.

a. Caesar cum Pompeio de summo imperio contendit.

Cäsar eilte mit Pompeius ins größte Reich.

b. Hercules omnibus fortitudine praestitit.

Herakles leistete allen durch seine Kraft Dienste.

c. Senatores de bello contra Mithridatem gerendo consuluerunt.

Die Senatoren sorgten dafür, dass der Krieg gegen Mithridates geführt wurde.

d. Cicero senatores de periculo hortatus ab ipsis in Catilinam adiutus est.

Cicero wurde, nachdem er von den Senatoren wegen der Gefahr ermahnt worden war, von denselben gegen Catilina unterstützt.

e. Germanis bellum parantibus Romani timore affecti sunt.

Obwohl die Germanen ihnen im Krieg gehorchten, wurden die Römer von Angst erfüllt.

Häufig schleichen sich zusätzlich zu Grammatikfehlern (Beispiel d), Verwechslungen (Beispiel e) oder falscher Bedeutungswahl (Beispiel a-c) weitere Fehler ein, da man versucht, dem Satz irgendwie noch einen Sinn zu geben.

Ein Fehler kommt selten allein

Diese Fehler können vermieden werden, wenn man die Konstruktionen genau beobachten würde. So kann z.B. ein Gerundiv im Ablativ nicht mit dass übersetzt werden (Beispiel b) oder ein Akkusativ nicht Agens beim Passiv sein (Beispiel d).
Wenn man eine solche eindeutige Konstruktion nicht unterbringen kann, liegt der Verdacht nahe, dass ein Fehler passiert ist.

3 Ergänze die Sätze richtig.

a. Petronius amicum advenisse audiens ad portam iit.

   Petronius ging zum Tor, als er _____, _____ der Freund

   _____ _____.

b. Marcus cito ex urbe ad portum contendens Aulum ibi non iam invenit.

   Obwohl Markus schnell _____ _____ Stadt _____ Hafen _____,

   fand er Aulus dort nicht mehr.

c. Dominus servum laudavit, cum hospitibus omnia tam bene paravisset.

   Der Herr lobte den Sklaven, weil er alles _____

   Gäste so gut _____ hatte.

d. Iam prima hora Massilia abieramus.

   Wir waren schon um die erste Stunde _____ Massilia _____

   _____.

e. Claudia Marcum rogavit, ut eam adiuvaret.

   Claudia _____ Markus, _____ er ihr _____.

f. Archimedes multas res reperiendo regi suo magnum servitium praestitit.

   Archimedes _____ seinem König _____ großen Dienst,

   _____ er viele Dinge herausfand.

WORTSCHATZ

Ad Acta!

Oft geschehen Fehler, weil man nach Verwechslungen oder falscher

_____ einen Satz noch so anpassen

möchte, dass er im Deutschen einen Sinn ergibt.

Diese Fehler können vermieden werden, wenn man sich genau überlegt,

welche _____ jeder einzelne Teil des Satzes zulässt.

Mit Pauken und Trompeten - Reine Lernsache

Selbsttest

Nenne das Stammwort dieser Formen und bestimme sie!

a. coeperunt   e. fies   i. patefit

b. sustuli   f. attulimus   j. mavultis

c. lata sunt   g. foret   k. potero

d. volebam   h. reverterunt   l. potuero

Obwohl es viele Möglichkeiten gibt, Fehler zu vermeiden, können bei einigen unregelmäßigen Wörtern die Formen nur systematisch auswendig gelernt werden. Die wichtigsten davon sind:

esse	sum	fui	futurus	sein
posse	possum	potui		können
ferre	fero	tuli	latum	tragen, bringen
velle	volo	volui		wollen
fieri	fio	factus sum		werden, geschehen, gemacht werden

Mit Pauken und Trompeten - Reine Lernsache

Alle diese Wörter bilden nicht nur die Stammformen unregelmäßig, sondern auch eine Reihe weiterer Formen im Präsensstamm, z.B. **ferrent** (Konj. Impf. 3. P.Pl. von **ferre**) oder **vult** (Ind. Pr. 3.P. Sg. von **velle**).

Ebenso haben diese Verben Komposita, die ihre Formen analog zum Stammwort bilden. Hier gibt es nichts zu erklären. Man muss die Formen einfach auswendig lernen und dadurch von ähnlichen Formen anderer Verben stets zu unterscheiden versuchen.

Außerdem gibt es Verben, die zwar im Präsensstamm regelmäßig sind, aber das Perfekt nach einem anderen Stamm bilden. Die wichtigsten sind:

tollere	**tollo**	**sustuli**	**sublatum**	*aufheben, beseitigen*
incipere	**incipio**	**coepi**	**inceptum**	*anfangen, beginnen*

Bei einigen Verben muss der Perfektstamm als Präsensstamm übersetzt werden, also: Perfekt als Präsens, Plusquamperfekt als Imperfekt und Futur II als Futur I. Dazu gehören:

odisse	**odi**	*hassen*
meminisse	**memini**	*sich erinnern*

sowie die Perfektstämme einiger Verben mit Präsensstamm auf **-sc-,** die einen Vorgang ausdrücken, z.B.:

novisse	**novi**	*„kennen gelernt haben",* *kennen*
assuevisse	**assuevi**	*„sich daran gewöhnt* *haben", gewohnt sein*

Ebenfalls auswendig zu lernen sind die Deponentia und Semideponentia.

WORTSCHATZ

4 Ordne Form, Stammverb, Zeit und Übersetzung einander zu.

1. coepero	a ferre	A Indikativ Futur I	I ich werde ange-fangen haben
2. feres	b fieri	B Indikativ Futur II	II „er / sie / es möge gekonnt haben"
3. fieret	c incipere	C Indikativ Imperfekt	III ich erinnerte mich
4. mavultis	d tollere	D Indikativ Plus-quamperfekt	IV du wirst tragen
5. memineram	e meminisse	E Indikativ Präsens	V er / sie / es hätte aufgehoben
6. poterat	f posse	F Konjunktiv Imperfekt	VI er / sie / es konnte
7. potuerit	g posse	G Konjunktiv Perfekt / Indi-kativ Futur II	VII er / sie / es möge wollen
8. sustulisset	h malle	H Konjunktiv Plus-quamperfekt	VIII er / sie / es würde entstehen
9. velit	i velle	I Konjunktiv Präsens	IX Ihr wollt lieber

Ad Acta!

Wie in jeder Sprache, gibt es auch im Lateinischen einige völlig

_____ Verben, deren Formen man nur auswendig lernen

kann. Vor allem ist zu beachten, dass der Perfektstamm einiger Verben mit

_____ wiedergegeben bzw. bei den _____

das Passiv als _____ übersetzt werden muss.

LÖSUNGEN

Formenlehre

Welches Geschlecht? – Genus bestimmen

Selbsttest
a. Poeta doctus est.
b. Arbor alta est.
c. Ignis pulcher, sed periculosus est.
d. Humus bona necessaria est, si vinum bonum habere vis.
e. Sequana, qui Gallos a Belgis dividit.
f. Aegyptus ab Alexandro expugnata est.

(1)
a. nautas firmos
b. muliere pulchra
c. piratas feros
d. milites multi / multos
e. iuvenem magnum

f. leonem saevum
g. Aegypti antiquae
h Delphos claros
i. flumina lata
j. Sagunti Romani

(2)
a. Graeci non solum magna aedificia, sed etiam multos philosophos poetasque claros habebant.
b. Poetae fabulas de deis, qu**i** in Olympo monte vivebant, narraverunt.
c. Multi Delphos in montibus sit**os** adierunt, ut res futuras ex Apolline quaererent.
d. In fabulis legimus reges magn**os** ibi fuisse, ut rogarent, quid contra hostes suos agerent.
e. Responsa a Pythia, sacerdote Apollinis vaporibus temulent**a** fact**a** dabantur.
f. Ceter**i** sacerdotes verba Pythiae explicabant.

Übersetzung:
a. Die Griechen hatten nicht nur große Gebäude, sondern auch viele berühmte Philosophen und Dichter.
b. Die Dichter erzählten Geschichten über die Götter, die im Olymp wohnten.

    c. Viele gingen nach Delphi, das in den Bergen lag, um Apollo nach der Zukunft zu fragen.

    d. In den Geschichten lesen wir, dass große Könige dort waren, um zu fragen, was sie gegen ihre Feinde tun sollten.

    e. Die Antworten wurden von Pythia gegeben, einer Priesterin des Apoll, die durch Dämpfe berauscht gemacht war.

    f. Die übrigen Priester erklärten die Worte der Pythia.

Ad acta!

Bei so genanntem **natürlichem** Geschlecht können Substantive andere Genera haben, als die Endung vermuten lässt.

So sind alle Bezeichnungen für **Männer, Berge** und **Flüsse** Maskulina, alle Bezeichnungen für **Frauen, Länder, Inseln** und **Städte** auf **-us** Feminina.

Im Übrigen gibt es Wörter, bei denen nicht an der **Endung** zu erkennen ist, ob es sich um eine männliche oder eine weibliche Form handelt. Diese Ausnahmen muss man auswendig lernen.

Welcher Fall ? – Verwechslung von Deklinationen vermeiden

Selbsttest

Die Achäer unterwarfen in kurzer Zeit die übrigen griechischen Völker.

(3) a. bono, praeclaro, brevi, pulchro, antiquo (Ablativ Singular, Neutrum)
b. fideles, boni, novi, novos, nostri (Nominativ oder Akkusativ Plural, Maskulinum) c. clarus, bonus, prudens (Nominativ Singular, Maskulinum) d. prudentem, viventem, Romanam (Akkusativ Singular, Femininum)

(4) multos homines: Akkusativ Plural (**multos** kann nichts anderes sein.)
in omnibus viis: Ablativ Plural (**in** kann nur mit Akkusativ oder Ablativ stehen, **omnibus** und **viis** können nur Dativ oder Ablativ sein.)

viri fortis: Genitiv Singular (**viri** kann Nominativ Plural oder Genitiv Singular, **fortis** Nominativ oder Genitiv Singular sein.)
huic viro: Dativ Singular (**viro** kann zwar auch Ablativ, **huic** jedoch nur Dativ sein.)
imperatoris severi: Genitiv Singular (da **imperatoris** nichts anderes sein kann.)

Ad acta!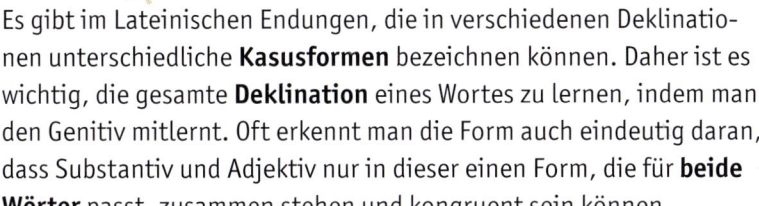

Es gibt im Lateinischen Endungen, die in verschiedenen Deklinationen unterschiedliche **Kasusformen** bezeichnen können. Daher ist es wichtig, die gesamte **Deklination** eines Wortes zu lernen, indem man den Genitiv mitlernt. Oft erkennt man die Form auch eindeutig daran, dass Substantiv und Adjektiv nur in dieser einen Form, die für **beide Wörter** passt, zusammen stehen und kongruent sein können.

Adjektiv und Substantiv – unterschiedliche Deklinationen

Selbsttest

a+i (*den strengen Lehrer*); b+j (*der römischen Senatoren*); c+h (*das scharfe Schwert*; Akk.); d+g (*das riesige Ungeheuer*); e+l (*beide Brüder*); f+k (*das große Haus*)

5. a. Uterque consul exercitui impera**vit**.
   b. Brutus Tarquinium, reg**em** superb**um**, expulit.
   c. Castra Caesaris maxim**a** era**nt**.
   d. Nonnulli Galli naves bon**as** facere poterant.
   e. Caesar ceter**os** milites in castra misit.
   f. Diogenes se nemin**i** parere dixit.
   g. Flaminius imperator exercit**us** Romani erat.
   h. Sacerdotibus Vestae null**i** vir**o** nubere licebat.
   i. Aesopus servus **cuius**dam philosophi erat.
   j. Horatius aed**es** magnas sub urbe habuit.

LÖSUNGEN

Ad acta!

Substantive und Adjektive können zu **verschiedenen Deklinationen** gehören. Daher können die Endungen trotz KNG-Kongruenz **unterschiedlich** aussehen. Oft ist es verwirrend, wenn im Text das passende Adjektiv nicht **direkt** neben dem Substantiv steht und eine andere **Endung** hat. Hier muss man sehr genau lernen und berücksichtigen, was zusammengehört.

Zu beachten ist auch, dass lateinische Pluralwörter im Deutschen oft mit **Singular** übersetzt werden müssen. Dies gilt, wenn das Pluralwort Subjekt ist, auch für das Prädikat.

O Zeiten, o Sitten! – Zeiten erkennen

Selbsttest
a. Präsens, b. Futur I, c. Imperfekt, d. Plusquamperfekt, e. Perfekt

⑥ a. laudabis, b. **r**eges, c. **i**bo, d. cavebit, e. **c**omperiemus,
f. **h**abebunt, g. dabit, h. **t**anget, i. tacebunt, j. volent, k. **i**ntermittam,
l. videbimus, m. **g**eretis, n. ibimus; *Lösungswort:* **richtig**

⑦ a. ibam (Indikativ Imperfekt), b. fuerat (Indikativ Plusquamperfekt),
c. fuissem (Konjunktiv Plusquamperfekt), d. ibunt (Futur I), e. fuerint
(Futur II oder Konjunktiv Perfekt), f. ibis (Futur I), g. fuerunt (Indikativ
Perfekt), h. eram (Indikativ Imperfekt), i. iremus (Konjunktiv Imperfekt).

Ad acta!

Auch bei den Verben sind manche Formen leicht zu verwechseln.
Eine Schwierigkeit besteht vor allem darin, dass das Futur I der **i-** und
der **konsonantischen** Konjugation mit **e** gebildet wird und so leicht mit
dem Präsens der **e-**Konjugation verwechselt werden kann.

Auch können in der **a-** und **e-**Konjugation Imperfekt und Futur I leicht verwechselt werden. Gut zu merken ist, dass der Indikativ Imperfekt immer mit **a**, nie mit einem anderen Vokal, gebildet wird.

Formen von **esse** und **ire** werden leicht verwechselt. Daher merke: Formen von esse beginnen nie mit **i**, Formen von ire häufig.

Wichtig ist auch, sich zu merken, dass die Endung **-erunt** in der 3. Person Plural des Indikativ **Perfekt** vorkommt, nicht aber im **Futur II** oder **Konjunktiv** Perfekt.

Ähnlich ist nicht gleich – verschiedene Zusammensetzungen

Selbsttest 1
a. auseinander; b. unter; c. zu … hin: d. über; f. zusammen mit

Selbsttest 2
a. durch: durchgehen = durch das Ende gehen = zugrunde gehen; b. durch: durchlassen = erlauben; c. heftig bewegen (Verstärkung der Bedeutung)

⑧ a. **improbus, -a, -um** (*schlecht*): Gegenteil von **probus, -a, -um** (*gut, tüchtig*); b. **afficere** (*versehen mit, behandeln*) aus **ad** (*zu, an, bei*) und **facere** (machen, tun); c. concurrere (zusammenlaufen) aus **cum → con-** (zusammen mit) und **currere** (*laufen*); d. **conficere** (*vollenden*) aus **cum → con-** (hier Verstärkungs-Präfix) und **facere** (*machen, tun*); e. **desperare** (verzweifeln) aus **de** (*von … herab*) und **sperare** (*hoffen*), d.h. keine Hoffnung mehr haben: f. **immittere** (*hineinschicken*) aus **in** (*auf, in, an*) und **mittere** (*schicken*); g. **subire** (*auf sich nehmen*) aus **sub** (*unter*) und **ire** (gehen, d.h. eigentlich „*darunter gehen*"); h. **persuadere** (*überreden, überzeugen*) aus **per** (hier Verstärkung) und **suadere** (*raten, zureden*).

(9) a. abwesend sein – da sein, dabei sein, helfen; b. ich kündige an – einem Unwürdigen (Dativ von indignus, -a, -um); c. wir haben herbeigebracht – wir haben weggeschafft; d. überbringen, melden – verschieben, sich unterscheiden

Ad acta!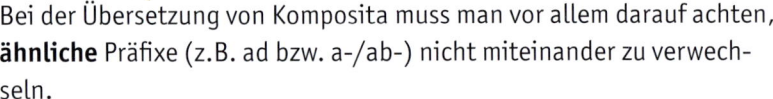

Bei der Übersetzung von Komposita muss man vor allem darauf achten, **ähnliche** Präfixe (z.B. ad bzw. a-/ab-) nicht miteinander zu verwechseln.

Auch gibt es Präfixe, die verschiedene Bedeutungen haben, z.B. **con-** und **per-**. Das Präfix **in-** hat bei Adjektiven eine andere Bedeutung als bei Verben. Aufpassen muss man jedoch auf Adjektive, die von Verben abgeleitet sind.

Das gibt's ja gar nicht! – Wiedergabe von Konjunktiv Perfekt und Futur II im Deutschen

Selbsttest

a. Sobald Marcus zurückgekehrt ist, werden wir Essen machen. (Fut. I + II)
b. Ich frage dich, wo du gestern gewesen bist. (Konj. Perf. im GS)
c. Cäsar mag ein guter Feldherr gewesen sein. (Konj. Perf. im HS)
d. Gaius soll mit mir kommen! (Konj. Präs. im HS: Iussiv)

(10) a. Claudia fürchtet sich, weil ihr Mann Publius nach Asien gegangen ist. (Konjunktiv Perfekt nach cum)
b. Sie versprach den Göttern: „Wenn ihr meinen Mann gesund zurückkehren lasst, werde ich euch opfern." (Futur II)
c. Weil jener lange nicht zurückkehrte, dachte Claudia: „Hoffentlich ist ihm nichts Schlimmes passiert!" (Konjunktiv Perfekt nach utinam)
d. Ihr Bruder Markus sagte: „Der Wind könnte nicht gut gewesen sein. (Konjunktiv Perfekt). Dann wird mehr Zeit nötig sein." (Futur I)

e. Claudia: „Hoffentlich hast du dich nicht geirrt! (Konjunktiv Perfekt)
   Hoffentlich kommt er gesund nach Hause!" (Konjunktiv Präsens)

f. Markus: „Weil Pompeius die Piraten besiegt hat, ist das Meer nun
   sicherer. (Konjunktiv Perfekt)

g. Wir müssen nicht befürchten, dass Publius überfallen wird. (Konjunktiv Präsens nach ne)

h. Bald wird er, wie ich glaube, sicher nach Rom kommen." (Futur I)

Ad Acta!

Besonders schwer fällt die Übersetzung lateinischer Formen, die es im
Deutschen entweder **nicht gibt** (Konjunktiv Perfekt, Futur II), oder die
nicht ganz **wörtlich übersetzt** werden können.

Wir merken uns: Futur II steht nur im Nebensatz, wenn **Futur I** im Haupt-
satz steht. Auch Konjunktiv Perfekt im **Hauptsatz** ist selten.

Konjunktiv Perfekt wird, abgesehen von der **1. Person Singular** gebildet
wie das Futur II und daher häufig damit verwechselt. Er kann allerdings
nur stehen, wenn der Nebensatz mit einer Konjunktion eingeleitet wird,
die den **Konjunktiv** fordert, oder bei **indirekten** Fragen.

Ich, du, mein, dein, sein – Pronomina

Selbsttest

1b, 2a, 3a, 4b

(11) 1b, 2a, 3a, 4b, 5a, 6a

Ad Acta!

Wichtig ist es, zwischen Personal- und Possessivpronomina zu unters-
cheiden. Erstere werden nach einer **eigenen** Deklination, letztere nach
der **a-/o-**Deklination gebildet. Possessivpronomina im Singular stehen
nie ohne **Bezugswort** im gleichen Kasus, während bei Personalpronomi-
na das Bezugswort entweder fehlt oder durch **Kommata** abgetrennt ist.

LÖSUNGEN

Satzlehre

Akkusativ + Infinitiv = AcI? – AcI und NcI

Selbsttest

a. NcI: Es wurde behauptet, dass Sokrates weise war.
b. AcI: Ich sah, dass meine Schwester von den Feinden weggeschleppt wurde.
c. Keins von beiden: Unbemerkt von den Wächtern griffen die Germanen an.
d. AcI: Markus versprach zurückzukehren.

① a. Mater Marcum salvum rediturum esse sperat. – AcI. Die Mutter hofft, dass Markus gesund zurückkehren wird.
b. Helvetii milites Caesaris Rhodanum transisse viderunt. – AcI. Die Helvetier sahen Cäsars Soldaten die Rhone überqueren.
c. Caesar cupidus potentiae esse putabatur. – NcI. Man glaubte, dass Cäsar machtgierig war oder: Cäsar wurde für machtgierig gehalten.
d. Multi Ovidium optimum poetam esse putabant. – AcI. Viele glaubten, dass Ovid der beste Dichter war.
e. Rem publicam bene regi omnium interest. – AcI. Es ist für alle wichtig, dass der Staat gut gelenkt wird.
f. Omnes homines mori debere scimus. – AcI. Wir wissen, dass alle Menschen sterben müssen.
g. Quid nobis hac re dicere vis? – Weder AcI noch NcI. Was willst du uns damit sagen?
h. Neminem hoc umquam auditurum esse spero. – AcI. Ich hoffe, dass niemand dies je hören wird.

Ad acta!

	AcI	NcI
Prädikat steht im	**Aktiv**	**Passiv**
Funktion im Satz:	**Objekt**	**Subjekt**
Problem beim Erkennen:	Verwechslung mit **anderen Akkusativen**	**Subjekt** muss manchmal einbezogen werden (s. Satz c)
Zeitstufen:	Zeit**verhältnis** zum Hauptsatz; dementsprechend oft mit anderer Zeitstufe zu übersetzen	

-nd- oder -nt-: Ist da ein Unterschied? – Partizipien

Selbsttest

a. Während die Freunde zuschauten, lief Gaius durch das Marsfeld. (Ablativ Plural des Partizip Präsens)

b. Um den Freunden zuzuschauen, ging Gaius auf das Marsfeld. (Akkusativ des Gerundiums)

c. Indem er Freunden zuschaute, lernte Gaius schwimmen. (Ablativ des Gerundiums)

d. Gaius grüßte die zuschauenden Freunde (Akkusativ Singular des Partizip Präsens.)

e. Gaius fragte die Freunde: „Wer ist dieser Mann, den ihr angeschaut habt?"

(2) a. Akkusativ des Gerundiums oder Akkusativ Singular des Maskulinums oder Nominativ oder Akkusativ Singular des Neutrums des Gerundivums von laudare; b. Genitiv Plural des Partizip Präsens von laudare; c. Akkusativ Singular des Maskulinums oder Nominativ oder Akkusativ Singular des Neutrums des Partizip Perfekt von laudare; d. Genitiv Singular des Partizip Präsens von laudare; e. Dativ / Ablativ Plural des Gerundivums von laudare; f. Genitiv Singular des Maskulinums oder Neutrums oder Nominativ Plural des Maskulinums des Partizip Perfekt von laudare;

g. Genitiv Singular des Gerundiums oder des Maskulinums oder Neutrums des Gerundivums oder Nominativ Plural des Maskulinums des Gerundivums von laudare; h. Dativ Singular des Partizip Präsens von laudare; i. „Kuckucksei": Das Wort heißt „hundert"; j. Akkusativ des Gerundiums oder Akkusativ Singular des Maskulinums oder Nominativ oder Akkusativ Singular des Neutrums des Gerundivums von cedere; k. Akkusativ Singular des Maskulinums oder Nominativ oder Akkusativ Singular des Neutrums des Partizip Perfekt von censere; l. Genitiv Plural des Partizip Präsens von cedere.

③ a. Richtig: Cäsar sprach zu den Soldaten, die sich vor den Germanen fürchteten. (**timentes** wurde auf **Caesar** statt auf **milites** bezogen.)

b. Richtig: Cäsar brach auf, um Gallien zu erobern. (Das Gerundium **expugnandum** wurde mit dem PPP **expugnatam** verwechselt.)

c. Richtig: Cicero hielt die Gefährten des Catilina für Verbrecher, die man töten müsse. (Das Gerundiv **necandos** wurde mit dem PPA **necantes** verwechselt.)

d. Richtig: Indem er die Sümpfe trocken legte, linderte Cäsar die Not des Volkes, das an vielen Krankheiten litt. (Analog zum Gerundiv im ersten Satzteil wurde das Partizip **laborantis** fälschlich als Ablativ Plural übersetzt und auf **morbis** statt **populi** bezogen.)

e. Richtig: Indem sie Claudius tötete, machte Agrippina ihren Sohn Nero zum Kaiser. (Das Gerundium **necando** wurde mit dem Partizip **necato** verwechselt.)

f. Richtig: Cicero war erfahren in der Redekunst. (Das Gerundium **dicendi** wurde mit dem Partizip verwechselt und zusätzlich fälschlich auf Cicero bezogen.)

Ad acta!

Alle Formen vom Partizip Präsens haben -**nt**-.
Alle Formen vom Gerundium haben -**nd**-.
Die meisten Formen vom Partizip Perfekt haben -**t**- ohne -**n**- zwischen Wortstamm und Endung.

Etwas zu Beachtendes – Gerundium und Gerundivum

Selbsttest

a. Cäsar glaubte, dass dies den Helvetiern nicht erlaubt werden dürfe.

b. Cäsar war begierig (darauf), die höchste Macht im Reich zu übernehmen.

c. Viele Römer schickten ihre Söhne nach Griechenland, damit sie Philosophen hörten.

d. Indem er sein Bild in ihrem Tempel aufstellte, reizte Caligula den Zorn der Juden.

e. Ein Richter muss beide Seiten hören.

 1b: Bei (a) wurde nicht das Substantiv im Dativ zum Subjekt gemacht, sondern das Substantiv, das im gleichen Kasus wie das Gerundivum steht.

2a: Bei (b) wurden Akkusativ und Ablativ verwechselt.

3b: Beim Genitiv des Gerundiums sollte man diese Möglichkeit wählen. Außerdem gäbe (a), obwohl theoretisch denkbar, keinen Sinn.

4a: (b) wäre nur richtig, wenn vor dem Ablativ kein **in** stünde.

Ad acta!

Fehler bei der Übersetzung des Gerundivums und Gerundiums rühren vor allem daher, dass die **Kasus** verwechselt werden oder dass nicht zwischen dem **prädikativen** und dem **attributiven** Gerundivum unterschieden wird. Wichtig ist auch zu überlegen, ob die Übersetzung mit **müssen** oder mit dem substantivierten Infinitiv mehr Sinn macht.

Absolut Ablativ – Der Ablativus Absolutus

Selbsttest

Ablativus Absolutus liegt nur im Satz c. vor. Bei den Sätzen a. und b. ist der Ablativ Objekt und die Partizipien Attribute dazu, während Ablativus Absolutus ein Adverbiale ist:

a. Viele reiche Römer genossen Speisen, die aus fremden Ländern kamen.

b. Juno benutzte Äolus als Bundesgenossen, um die Flotte des Äneas zu zerstören.

c. Unter Kaiser Trajan schrieben Plinius und Tacitus viele berühmte Werke.

(5) a. Kein Ablativus Absolutus, sondern Dativobjekt zu faverat. - Brutus hatte Pompeius unterstützt, der von Cäsar besiegt worden war.

b. Ablativus Absolutus: mit Adjektiv (Caesare mortuo). - Nach Cäsars Tod hofften viele, dass der Senat die frühere Macht wieder erlangen würde.

c. Kein Ablativus Absolutus, sondern Ablativobjekt zu vacare. - Denn sie glaubten, dass das Reich nun frei von Männern sei, die nach der höchsten Macht begierig waren.

d. Ablativus Absolutus: mit PPP (foedere facto). - Oktavian und Antonius besiegten ihre Gegner, nachdem sie ein Bündnis geschlossen hatten.

e. Nominaler Ablativus Absolutus (Augusto imperatore). - Unter der Herrschaft des Augustus verfassten viele Dichter und Schriftsteller ihre Werke.

f. Kein Ablativus Absolutus, sondern Partizip zum Dativobjekt Caesari. - Augustus erbaute einen Tempel für Cäsar, den er zum Gott erklärt hatte.

Ad acta! ⭐

Einen Ablativus Absolutus erkennt man daran, dass, **nachdem** man den Hauptsatz gefunden hat, zwei **Substantive** oder ein Substantiv und zusätzlich ein **Adjektiv** oder ein **Partizip** stehen bleiben.
Auch dann liegt allerdings nicht immer ein Ablativus Absolutus vor. Man muss daher prüfen, ob der **Sinn** passt.

Komplizierte Beziehungen – Adjektive richtig zuordnen

Selbsttest

a. Gallien ist nicht mehr frei. (Das Adjektiv **libera** wurde attributiv - *das freie Gallien* - statt prädikativ übersetzt.)

b. Obwohl die Gallier heftig kämpften, konnten sie die Römer nicht abwehren. (Der Übersetzer hielt das Adverb **acriter** für ein Adjektiv und bezog es auf *Galli*.)

c. Nicht einmal die schwere Last drückte Herakles nieder. (Vermutlich aufgrund der Endung hielt der Übersetzer **grave** für ein Adverb.)

d. Herakles, der bei weitem stärkste aller Männer, suchte nach dem Löwen. (Es wurde nicht erkannt, dass **longe** mit Superlativ nicht *lang*, sondern *bei weitem* heißt.)

 1a, 2a, 3b, 4b, 5c, 6a

Ad Acta!

Adjektive können **attributiv** verwendet werden, d.h., dass sie eine Person näher beschreiben, oder **prädikativ**. Letzteres ist vor allem bei Wörtern wie *sein*, *gelten* oder *scheinen* häufig. Bei manchen Verben (z.B. *sein*, *scheinen*) ist ein **Prädikatsnomen** nötig.
Adverbien erkennt man an der **Endung**, wobei wichtig ist, sich zu merken, dass die Adverbien der a-/o-Deklination auf -e enden, was dem **Neutrum Singular** bei Adjektiven der 3. Deklination (Mischdeklination) entspricht.

„Für" immer mit Akkusativ? – Präpositionen

Selbsttest

a. Pueri ad port**am** stant. *Die Jungen stehen beim Tor.* / Pueri ad port**um** stant. *Die Jungen stehen am Hafen.*

b. Sine ami**cis** vita tristis est. *Ohne Freunde ist das Leben traurig.*

c. Legatus pro Caesar**e** ad Helveti**os** iit. *Der Legat ging für Cäsar zu den Helvetiern.*

d. Ad Marc**um** eamus! *Lasst uns zu Markus gehen!*

(7) a. Markus fährt aus Italien weg. b. Um sich mit den Wissenschaften zu beschäftigen, will er nach Griechenland fahren. c. Während er ein Schiff suchte, lernte er Gaius kennen. d. Gaius arbeitet für einen Kaufmann, der ihn nach Asien geschickt hat. Vor dem Winter muss er nach Hause zurückkehren. e. Viele Tage fahren sie über das Meer. f. Über ihnen sitzt ein Matrose, der das Meer beobachtet. g. Auf dem Weg erzählt Gaius von Asien. h. In Athen steigt Markus vom Schiff.

(8) a. Richtig: **Auf dem** Kapitol steht der Jupitertempel. (Im Deutschen ist zwischen *in etwas* (=innerhalb) und *auf etwas* (=oben) zu unterscheiden, und das Kapitol ist eine Anhöhe, auf der etwas stehen kann.)

b. Richtig: Cäsar ging **nach** Gallien. (*In* steht im Deutschen bei Ländernamen ohne Artikel nur auf die Frage „Wo?", und der Akkusativ ist der Kasus der Richtung:„Wohin?").

c. Richtig: Die Argo fuhr **über** das Schwarze Meer. (*Durch* würde bedeuten, dass sie getaucht ist.)

d. Richtig: Mein Haus ist **hinter** dem Kolosseum. (*Nach* ist temporal, *hinter* lokal.)

e. Richtig: Cäsar schickte einen Gesandten **zu den** Helvetier**n**. (*An* jemand kann man einen Brief schicken, keine Person.)

Ad acta!

Man sollte sich merken, dass Präpositionen im Lateinischen oft mit einem anderen **Kasus** stehen als im Deutschen. Dies ist wichtig, um zu erkennen, wenn sich eine Präposition nicht auf das Wort bezieht, das **direkt** hinter ihr steht (z.B. beim **Gerundium**).

Auch können lateinische Präpositionen je nach Kontext verschiedene deutsche Bedeutungen haben. Daher reicht es nicht, **eine** Bedeutung zu lernen. Bei der Übersetzung entscheidet der **Sinn**.

Wie sag ich's auf Deutsch? – Übertragung typisch lateinischer Konstruktionen

Selbsttest

a. **Als / Obwohl** die Helvetier in die Heimat zurückkehrten, rückte Cäsar nach Gallien vor. (Durch die Heimkehr der Helvetier hatte Cäsar eigentlich erreicht, was er wollte, und hätte seine Truppen zurückziehen können.)

b. Nachdem Cäsar getötet **worden war**, schloss Antonius ein Bündnis mit Oktavian. (Antonius gehörte nicht zu den Mördern Cäsars.)

c. Die Mutter ermahnte Markus, **der** nach Griechenland fahren **wollte**, dass er sich vor Piraten in Acht nehmen sollte. (Die Konstruktion *um … zu* ist im Deutschen nur möglich, wenn Subjekt von Haupt- und Nebensatz gleich sind.)

⑨ 1b (1a ist inhaltlich falsch, da dies bedeuten würde, dass die Durchführung eines Triumphzugs von der Zuschauerzahl abhängig wäre; 1c ist nicht ganz so gut, wenn eine Übersetzung mit *und* vermieden werden soll.)

2c (2a ist falsch, da die Tatsache, dass er Dido verlassen hatte, nicht der Grund war, dass er nach Italien ging, sondern umgekehrt. 2b ist möglich, aber die schlechtere Alternative, da es tatsächlich Äneas war, der Dido verließ.)

3c (3 a und b würden bedeuten, dass die Senatoren Gallien erobert hätten, was aber Cäsar getan hatte.)

4a (4b ist falsch, da man nicht sterben kann, um etwas zu tun. 4c ist ein Tempusfehler, da die Handlung im PFA zeitlich nach der im Hauptsatz liegt.)

5a, c (5b ist falsch, da man aktive Konstruktionen nicht mit Passiv übersetzen sollte.)

LÖSUNGEN

Ad Acta! ⭐

Die Schwierigkeit bei einigen lateinischen Konstruktionen (etwa dem Ablativus Absolutus) ist es, **den Sinn** im Deutschen zu treffen, da grammatikalisch mehrere Übersetzungen möglich sind. Um dies zu erreichen, übersetzt man im Zweifelsfall Hauptsatz und Ablativus Absolutus **getrennt** und überlegt dann den inhaltlichen Zusammenhang.

Es kann manchmal sinnvoll sein, ein PPP mit **Aktiv** zu übersetzen. Dazu muss man aber wissen, ob diese Übersetzung nicht den **Sinn** verfälscht. Das Umgekehrte, nämlich beispielsweise PPA oder PFA mit **Passiv** zu übersetzen, ist allerdings **nicht möglich.**

Mit **Infinitiv** (*um … zu, zu*) übersetzen wir nur, wenn im **Hauptsatz** und im **Nebensatz** das gleiche Subjekt steht.

Wortschatz

Vorsicht vor falschen Freunden! – Wortverwechslungen

Selbsttest

a. Ungefähr das hat er gesagt.
b. Der Herr befahl dem Sklaven, die Amphoren ins Haus zu tragen.
c. Ich sorge mich um die Gesundheit meines Vaters.
d. Du sollst den Konsul grüßen!
e. Dieser Kerl hat den Kaiser beleidigt.
f. Mir gehen die Kräfte aus.

① a. **docere** und **ducere** verwechselt (Korrekt: Griechische Sklaven *lehrten* die Kinder.)

b. **afferre** und **auferre** verwechselt (Korrekt: Der Sklave bringt eine Amphore voll Wein *herbei*.)

c. **mos** und **mors** verwechselt. (Korrekt: Ihr sollt die *Sitten* der Vorfahren bewahren.)

d. **parēre** und **parĕre** verwechselt. (Korrekt: Die Königin Niobe war stolz auf die vielen Kinder, *die sie geboren hatte*.)

e. **salutare** von **salus** falsch abgeleitet. (Korrekt: Der Herr *begrüßte* den Gast.)

f. **fere** und **ferus** verwechselt (Korrekt: Cicero hielt *ungefähr* folgende Rede.)

g. **domare** und **donare** verwechselt. (Korrekt: Niemand *zähmte* die Pferde des Diomedes bzw. niemand konnte sie zähmen).

Ad acta!

Um Fehler durch Verwechslung von Wörtern zu vermeiden, ist es wichtig, genau auf Unterschiede im **Wortstamm** zu achten, da dieser sich in der Regel auch in den verschiedenen Kasus und Tempora nicht ändert.

Auch auf ähnlich klingende Wörter im Deutschen oder Englischen ist nicht hundertprozentig Verlass, weil Lehn- und Fremdwörter **ihre Bedeutung verändern** und scheinbar ähnliche Wörter einen **völlig anderen** Ursprung haben können.

Einmal falsch, alles falsch? – falsche Bedeutungswahl

Selbsttest

a. Galla bereitet das Essen zu. b. Ich habe vor, Marcus zu besuchen. (*parare*) c. Wir eilen nach Rom.

d. Cäsar kämpfte mit Pompeius. / e. Dieser Mann behauptet, die Zukunft vorhersehen zu können. (*contendere*)

(2)
a. Markus hatte vor nach Griechenland zu gehen. (**Parare** mit Infinitiv heißt *vorhaben*.)

b. Claudia überredete ihren Vater, ihr eine neue Tunika zu kaufen. (**Persuadere** mit **ut** heißt *überreden*.)

c. Die Gladiatoren kämpften mit höchstem Eifer. (Bei Gladiatoren kommt dem Sinn nach nur *kämpfen* in Frage.)

d. Lucius fand einen Schatz im Acker. (*Erfinden* kann man technische Neuerungen, aber keinen Schatz.)

e. Cäsar behauptete, dass seine Familie von Äneas abstammte. (Man kann behaupten, etwas sei so, aber nicht darum kämpfen, dass es so ist.)

f. Die Punier baten die Römer um Frieden. (Grammatikalisch ist beides möglich. Historisch dürfte bekannt sein, dass die Punier den Krieg verloren hatten und daher nur um Frieden bitten konnten.)

g. Eine Wölfin sorgte für Romulus und Remus. (**Providere** mit Dativ heißt *sorgen für*.)

h. Niemand sah den Ausbruch des Vesuvs voraus. (**Providere** mit Akkusativ heißt *voraussehen*.)

Ad Acta! ⭐

Es gibt im Lateinischen eine Reihe mehrdeutiger Verben. Während bei einigen die richtige deutsche Übersetzung von der **Konstruktion** abhängt (z.B. providere), kann man bei anderen (z.B. contendere) nur nach dem **Sinn** gehen.

Ein Fehler kommt selten allein – Konsequenzen falscher Übersetzungen

Selbsttest

a. Richtig: Cäsar kämpfte mit Pompeius um die oberste Herrschaft.
   Durch die Übersetzung mit *eilen* wurde eine Richtungsangabe nötig. Als solche wurde **de summo imperio** angesehen, obwohl **de** keine Richtung bezeichnen kann.

b. Richtig: Herakles war allen an Kraft überlegen.
   Trotz fehlendem Akkusativ wurde **praestare** mit *leisten* übersetzt. Somit musste ergänzt werden, was Herakles für die Menschen leistete.

c. Richtig: Die Senatoren berieten darüber, einen Krieg gegen Mithridates zu führen.
   Consulere wurde fälschlich mit *sorgen* übersetzt, da hier ein Akkusativobjekt fehlt. Als Konsequenz wurde der Ablativ des Gerundivs fälschlich mit *dass* wiedergegeben.

d. Richtig: Cicero wurde, nachdem er die Senatoren wegen der Gefahr ermahnt hatte, von denselben gegen Catilina unterstützt.

Es wurde nicht erkannt, dass **hortari** ein Deponens und **hortatus** daher eine aktive Form ist. Als Konsequenz wurde das Objekt **senatores** zum Agens des Passivs umfunktioniert.

e. Richtig: Weil die Germanen einen Krieg vorbereiteten, wurden die Römer von Angst erfüllt.

Parere und **parare** wurden verwechselt. Folge war, dass das Akkusativobjekt **bellum** nun fälschlich mit *im Krieg* übersetzt werden musste.

(3) a. Petronius ging zum Tor, **als er hörte, dass** der Freund **angekommen war.**

b. Obwohl Markus schnell **aus der** Stadt **zum** Hafen **eilte**, fand er Aulus dort nicht mehr.

c. Der Herr lobte den Sklaven, weil er alles **für die** Gäste so gut **vorbereitet** hatte.

d. Wir waren schon um die erste Stunde **von** Massilia **weggefahren**.

e. Claudia **bat** Markus, **dass** er ihr **helfe.**

f. Archimedes **erwies** seinem König **einen** großen Dienst, **indem** er viele Dinge herausfand.

Ad Acta!

Oft geschehen Fehler, weil man nach Verwechslungen oder falscher **Bedeutungswahl** einen Satz noch so anpassen möchte, dass er im Deutschen einen Sinn ergibt.

Diese Fehler können vermieden werden, wenn man sich genau überlegt, welche **Übersetzung** jeder einzelne Teil des Satzes zulässt.

LÖSUNGEN

Mit Pauken und Trompeten – Reine Lernsache

Selbsttest

a. coeperunt: Indikativ Perfekt Aktiv, 3. Person Plural von incipere

b. sustuli: Indikativ Perfekt Aktiv, 1. Person Singular von tollere

c. lata sunt: Indikativ Perfekt Passiv, 3. Person Plural von ferre

d. volebam: Indikativ Imperfekt Aktiv, 1. Person Singular von velle

e. fies: Indikativ Futur I Aktiv, 2. Person Singular von fieri (bzw. Passiv von facere)

f. attulimus: Indikativ Perfekt Aktiv, 1. Person Plural von afferre

g. foret: Konjunktiv Futur I Aktiv, 3. Person Singular von esse

h. reverterunt: Indikativ Perfekt Aktiv, 3. Person Plural von reverti

i. patefit: Indikativ Präsens Passiv, 3. Person Singular von patefacere

j. mavultis: Indikativ Präsens Aktiv, 2. Person Plural von malle

k. potero: Indikativ Futur I Aktiv, 1. Person Singular von posse

l. potuero: Indikativ Futur II Aktiv, 1. Person Singular von posse

(4) 1. c B I; 2. a A IV; 3. b F VIII; 4. h E IX; 5. e D III; 6. f (g), C VI; 7. g (f) G II; 8. d H V; 9. i I VII

Ad Acta!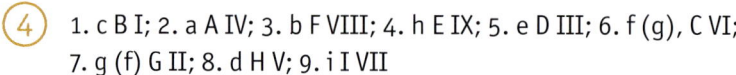

Wie in jeder Sprache, gibt es auch im Lateinischen einige völlig **unregelmäßige** Verben, deren Formen man nur auswendig lernen kann. Vor allem ist zu beachten, dass der Perfektstamm einiger Verben mit **Präsensstamm** wiedergegeben bzw. bei den **Deponentia** das Passiv als **Aktiv** übersetzt werden muss.

ANHANG

Deklinationen auf einen Blick

Substantive

a-Deklination

		f.
Singular	Nom.	*anima*
	Gen.	*animae*
	Dat.	*animae*
	Akk.	*animam*
	Abl.	*animā*
Plural	Nom.	*animae*
	Gen.	*animārum*
	Dat.	*animīs*
	Akk.	*animās*
	Abl.	*animīs*

o-Deklination

		Substantive auf *-us*	auf *-er*	auf *-um*
		m.	m.	n.
Singular	Nom.	*amīcus*	*puer*	*templum*
	Gen.	*amīcī*	*puerī*	*templī*
	Dat.	*amīcō*	*puerō*	*templō*
	Akk.	*amīcum*	*puerum*	*templum*
	Abl.	*amīcō*	*puerō*	*templō*
	Vok.	*amīce!*		
Plural	Nom.	*amīcī*	*puerī*	*templa*
	Gen.	*amīcōrum*	*puerōrum*	*templōrum*
	Dat.	*amīcīs*	*puerīs*	*templīs*
	Akk.	*amīcōs*	*puerōs*	*templa*
	Abl.	*amīcīs*	*puerīs*	*templīs*

3. Deklination

		konsonantische Stämme		i-Stämme		Mischklasse
		f.	n.	f.	n.	m.
Singular	Nom.	*lēx*	*opus*	*turris*	*animal*	*hostis*
	Gen.	*lēgis*	*operis*	*turris*	*animālis*	*hostis*
	Dat.	*lēgī*	*operī*	*turrī*	*animālī*	*hostī*
	Akk.	*lēgem*	*opus*	*turrim*	*animal*	*hostem*
	Abl.	*lēge*	*opere*	*turrī*	*animālī*	*hoste*
Plural	Nom.	*lēgēs*	*opera*	*turrēs*	*animālia*	*hostēs*
	Gen.	*lēgum*	*operum*	*turrium*	*animālium*	*hostium*
	Dat.	*lēgibus*	*operibus*	*turribus*	*animālibus*	*hostibus*
	Akk.	*lēgēs*	*opera*	*turrēs(īs)*	*animālia*	*hostēs*
	Abl.	*lēgibus*	*operibus*	*turribus*	*animālibus*	*hostibus*

ANHANG

u-Deklination				e-Deklination			
		m.	n.				f.
Singular	Nom.	pass*us*	corn*ū*	Singular	Nom.		rēs
	Gen.	pass*ūs*	corn*ūs*		Gen.		re*ī*
	Dat.	pass*uī*	corn*ū*		Dat.		re*ī*
	Akk.	pass*um*	corn*ū*		Akk.		rem
	Abl.	pass*ū*	corn*ū*		Abl.		rē
Plural	Nom.	pass*ūs*	corn*ua*	Plural	Nom.		rēs
	Gen.	pass*uum*	corn*uum*		Gen.		rērum
	Dat.	pass*ibus*	corn*ibus*		Dat.		rēbus
	Akk.	pass*ūs*	corn*ua*		Akk.		rēs
	Abl.	pass*ibus*	corn*ibus*		Abl.		rēbus

Adjektive

Adjektive der a-/o-Deklination							
		Adjektive auf *-us, -a, -um*			Adjektive auf *-er, -(e)ra, -(e)rum*		
		m.	f.	n.	m.	f.	n.
Singular	Nom.	*mägn*us	*mägn*a	*mägn*um	*liber*	*liber*a	*liber*um
	Gen.	*mägn*ī	*mägn*ae	*mägn*ī	*liber*ī	*liber*ae	*liber*ī
	Dat.	*mägn*ō	*mägn*ae	*mägn*ō	*liber*ō	*liber*ae	*liber*ō
	Akk.	*mägn*um	*mägn*am	*mägn*um	*lilber*um	*lilber*am	*lilber*um
	Abl.	*mägn*ō	*mägn*ä	*mägn*ō	*liber*ō	*liber*ä	*liber*ō
Plural	Nom.	*mägn*ī	*mägn*ae	*mägn*a	*liber*ī	*liber*ae	*liber*a
	Gen.	*mägn*ōrum	*mägn*ärum	*mägn*ōrum	*liber*ōrum	*liber*ärum	*liber*ōrum
	Dat.	*mägn*īs	*mägn*īs	*mägn*īs	*liber*īs	*liber*īs	*liber*īs
	Akk.	*mägn*ōs	*mägn*äs	*mägn*a	*liber*ōs	*liber*äs	*liber*a
	Abl.	*mägn*īs	*mägn*īs	*mägn*īs	*liber*īs	*liber*īs	*liber*īs

Adjektive der 3. Deklination

		konsonantische Stämme			i-Stämme		
		m.	f.	n.	m.	f.	n.
Singular	Nom.	pauper	pauper	pauper	celer	celeris	celere
	Gen.	pauperis	pauperis	pauperis	celeris	celeris	celeris
	Dat.	pauperī	pauperī	pauperī	celerī	celerī	celerī
	Akk.	pauperem	pauperem	pauper	celerem	celerem	celere
	Abl.	paupere	paupere	paupere	celerī	celerī	celerī
Plural	Nom.	pauperēs	pauperēs	paupera	celerēs	celerēs	celeria
	Gen.	pauperum	pauperum	pauperum	celerium	celerium	celerium
	Dat.	pauperibus	pauperibus	pauperibus	celeribus	celeribus	celeribus
	Akk.	pauperēs	pauperēs	paupera	celerēs	celerēs	celeria
	Abl.	pauperibus	pauperibus	pauperibus	celeribus	celeribus	celeribus

Pronomina

Personalpronomina

		1. Person	2. Person	3. Person (reflexiv)	3. Person (nicht-reflexiv)		
					m.	f.	n.
Singular	Nom.	egō	tū	–	is	ea	id
	Gen.	meī	tuī	suī	eius	eius	eius
	Dat.	mihī	tibī	sibī	eī	eī	eī
	Akk.	mē	tē	sē	eum	eam	id
	Abl.	ā mē (mēcum)	ā tē (tēcum)	ā sē (sēcum)	eō	eā	eō
Plural	Nom.	nōs	vōs	–	ei/ii	eae	ea
	Gen.	nostrī/-trum	vestrī/-trum	suī	eōrum	eārum	eōrum
	Dat.	nōbīs	vōbīs	sibī	eīs/iīs	eīs/iīs	eīs/iīs
	Akk.	nōs	vōs	sē	eōs	eās	ea
	Abl.	ā nōbīs (nōbīscum)	ā vōbīs (vōbīscum)	ā sē (sēcum)	eīs/iīs	eīs/iīs	eīs/iīs

ANHANG

Demonstrativpronomina

		ille, illa, illud			hic, haec hoc		
		m.	f.	n.	m.	f.	n.
Singular	Nom.	ille	illa	illud	hic	haec	hoc
	Gen.	illīus	illīus	illīus	huius	huius	huius
	Dat.	illī	illī	illī	huic	huic	huic
	Akk.	illum	illam	illud	hunc	hanc	hoc
	Abl.	illō	illā	illō	hōc	hāc	hōc
Plural	Nom.	illī	illae	illa	hī	hae	haec
	Gen.	illōrum	illārum	illōrum	hōrum	hārum	hōrum
	Dat.	illīs	illīs	illīs	hīs	hīs	hīs
	Akk.	illōs	illās	illa	hōs	hās	haec
	Abl.	illīs	illīs	illīs	hīs	hīs	hīs

		iste, ista, istud			ipse, ipsa, ipsum		
		m.	f.	n.	m.	f.	n.
Singular	Nom.	iste	ista	istud	ipse	ipsa	ipsum
	Gen.	istīus	istīus	istīus	ipsīus	ipsīus	ipsīus
	Dat.	istī	istī	istī	ipsī	ipsī	ipsī
	Akk.	istum	istam	istud	ipsum	ipsam	ipsum
	Abl.	istō	istā	istō	ipsō	ipsā	ipsō
Plural	Nom.	istī	istae	ista	ipsī	ipsae	ipsa
	Gen.	istōrum	istārum	istōrum	ipsōrum	ipsārum	ipsōrum
	Dat.	istīs	istīs	istīs	ipsīs	ipsīs	ipsīs
	Akk.	istōs	istās	ista	ipsōs	ipsās	ipsa
	Abl.	istīs	istīs	istīs	ipsīs	ipsīs	ipsīs

Relativ-/Interrogativpronomina

		quī, quae, quod			quis, quid	
		m.	f.	n.	m./f.	n.
Singular	Nom.	quī	quae	quod	quis	quid
	Gen.	cuius	cuius	cuius	cuius	cuius
	Dat.	cui	cui	cui	cui	cui
	Akk.	quem	quam	quod	quem	quid
	Abl.	quō	quā	quō	quō	quō
Plural	Nom.	quī	quae	quae		
	Gen.	quōrum	quārum	quōrum		
	Dat.	quibus	quibus	quibus		
	Akk.	quōs	quās	quae		
	Abl.	quibus	quibus	quibus		

Indefinitpronomina

		m.	f.	n.	m./f.	n.
Singular	Nom.	aliquī	aliquae	aliquod	nēmō	nihil
	Gen.	alicuius	alicuius	alicuius	nūllīus	nūllīus reī
	Dat.	alicui	alicui	alicui	nēminī	nūllī reī
	Akk.	aliquem	aliquam	aliquod	nēminem	nihil (nil)
	Abl.	aliquō	aliquā	aliquō	ā nūllō	nūllā rē
Plural	Nom.	aliquī	aliquae	aliquae	–	–
	Gen.	aliquōrum	aliquārum	aliquōrum		
	Dat.	aliquibus	aliquibus	aliquibus		
	Akk.	aliquōs	aliquās	aliquae		
	Abl.	aliquibus	aliquibus	aliquibus		

Pronominaladjektive

		m.	f.	n.
Singular	Nom.	nūllus	nūlla	nūllum
	Gen.	nūllīus	nūllīus	nūllīus
	Dat.	nūllī	nūllī	nūllī
	Akk.	nūllum	nūllam	nūllum
	Abl.	nūllō	nūllā	nūllō
Plural	Nom.	nūllī	nūllae	nūlla
	Gen.	nūllōrum	nūllārum	nūllōrum
	Dat.	nūllīs	nūllīs	nūllīs
	Akk.	nūllōs	nūllās	nūlla
	Abl.	nūllīs	nūllīs	nūllīs

Numeralia

	m.	f.	n.	m.	f.	n.	m./f.	n.
Nom.	ūnus	ūna	ūnum	duo	duae	duo	trēs	tria
Gen.	ūnīus	ūnīus	ūnīus	duōrum	duārum	duōrum	trium	trium
Dat.	ūnī	ūnī	ūnī	duōbus	duōbus	duōbus	tribus	tribus
Akk.	ūnum	ūnam	ūnum	duōs	duās	duo	trēs	tria
Abl.	ūnō	ūnā	ūnō	duōbus	duōbus	duōbus	tribus	tribus

Verbfamilien

īre und Komposita

īre	eō	iī	itūrus	*gehen*
abīre	abeō	abiī	abitūrus	*weggehen*
adīre	adeō	adiī	aditum	*angehen, aufsuchen, bitten*
exīre	exeō	exiī	exitūrus	*herausgehen*
inīre	ineō	iniī	initum	*hineingehen, beginnen*
interīre	intereō	interiī	interitūrus	*untergehen, umkommen*
perīre	pereō	periī	peritūrus	*zu Grunde gehen, umkommen*
praeterīre	praetereō	praeteriī	praeteritum	*vorbeigehen, übergehen*
redīre	redeō	rediī	reditūrus	*zurückkehren*
subīre	subeō	subiī	subitum	*unternehmen, auf sich nehmen*
trānsīre	trānseō	trānsiī	trānsitum	*hinübergehen, überschreiten, durchqueren*

ferre und Komposita

ferre	ferō	tulī	lātum	*tragen, bringen, ertragen, berichten*
afferre	afferō	attulī	allātum	*herbeitragen, beibringen, melden*
auferre	auferō	abstulī	ablātum	*wegtragen, rauben*
cōnferre	cōnferō	contulī	collātum	*zusammentragen, vergleichen*
dēferre	dēferō	dētulī	dēlātum	*melden, übertragen*
differre	differō	–	–	*sich unterscheiden*
efferre	efferō	extulī	ēlātum	*hinaustragen, herausheben*
īnferre	īnferō	intulī	illātum	*hineintragen, zufügen*
praeferre	praeferō	praetulī	praelātum	*vorziehen*
perferre	perferō	pertulī	perlātum	*überbringen, ertragen*
referre	referō	rettulī	relātum	*zurückbringen, melden, beziehen auf (referre ad)*
tollere	tollō	sustulī	sublātum	*aufheben, beseitigen*

esse und Komposita

esse	sum	fuī		sein
abesse	absum	afuī		abwesend sein, entfernt sein
adesse	adsum	adfuī (affuī)		da sein, helfen
dēesse	dēsum	dēfuī		fehlen, mangeln
inesse	insum	–		innewohnen, darin sein
interesse	intersum	interfuī		dabei sein, teilnehmen
praeesse	praesum	praefuī		an der Spitze stehen, leiten, befehligen
prōdesse	prōsum	prōfuī		nützen, nützlich sein
posse	possum	potuī		können, vermögen

stāre und Komposita

stāre	stō	stetī	stātūrus	stehen
cōnstāre	cōnstō	cōnstitī	cōnstātūrus	feststehen, bestehen aus
īnstāre	īnstō	īnstitī		drohen, bevorstehen, bedrängen
obstāre	obstō	obstitī		im Weg stehen, hindern
praestāre	praestō	praestitī	praestātūrus	(m. Dat.) voranstehen, übertreffen, (m. Akk.) leisten, erfüllen, erweisen

habēre und Komposita

habēre	habeō	habuī	habitum	haben, halten
adhibēre	adhibeō	adhibuī	adhibitum	anwenden, hinzuziehen
prohibēre	prohibeō	prohibuī	prohibitum	abhalten, (ver)hindern
dēbēre	dēbeō	dēbuī	dēbitum	schulden, müssen
praebēre	praebeō	praebuī	praebitum	darreichen, geben, gewähren

ANHANG

tenēre und Komposita

tenēre	teneō	tenuī	tentum	halten, festhalten
abstinēre	abstineō	abstinuī		fernhalten, sich enthalten
continēre	contineō	continuī		zusammenhalten, beinhalten
obtinēre	obtineō	obtinuī	obtentum	festhalten, behaupten
pertinēre	pertineō	pertinuī		sich erstrecken, sich beziehen auf, gehören zu
retinēre	retineō	retinuī	retentum	zurückhalten
sustinēre	sustineō	sustinuī		aushalten, ertragen

venīre und Komposita

venīre	veniō	vēnī	ventum	kommen
advenīre	adveniō	advēnī	adventum	ankommen
circumvenīre	cicumveniō	circumvēnī	circumventum	umzingeln, bedrängen
convenīre	conveniō	convēnī	conventum	zusammenkommen, zusammenpassen, besuchen
invenīre	inveniō	invēnī	inventum	finden, erfinden
pervenīre	perveniō	pervēnī	perventum	(hin)kommen, (ans Ziel) gelangen

dare und Komposita

dare	dō	dedī	datum	geben
circumdare	circumdō	circumdedī	circumdatum	umgeben, umzingeln
dēdere	dēdō	dēdidī	dēditum	ausliefern, übergeben
ēdere	ēdō	ēdidī	ēditum	herausgeben, äußern
reddere	reddō	reddidī	redditum	zurückgeben, zu etwas machen
trādere	trādō	trādidī	trāditum	überliefern, übergeben
abdere	abdō	abdidī	abditum	verbergen
addere	addō	addidī	additum	hinzufügen
condere	condō	condidī	conditum	gründen, erbauen
crēdere	crēdō	crēdidī	crēditum	glauben, anvertrauen
prōdere	prōdō	prōdidī	prōditum	verraten, überliefern
perdere	perdō	perdidī	perditum	vernichten, verderben, verlieren

pōnere und Komposita

pōnere	pōnō	posuī	positum	setzen, stellen, legen
compōnere	compōnō	composuī	compositum	zusammenstellen, verfassen, ordnen, vergleichen
dēpōnere	dēpōnō	dēposuī	dēpositum	ablegen, niederlegen
dispōnere	dispōnō	disposuī	dispositum	verteilen, ordnen
expōnere	expōnō	exposuī	expositum	darlegen, ausstellen, aussetzen
impōnere	impōnō	imposuī	impositum	hineinlegen, einsetzen, auferlegen, aufbürden
prōpōnere	prōpōnō	prōposuī	prōpositum	darlegen, vorlegen, in Aussicht stellen

dūcere und Komposita

dūcere	dūcō	dūxī	ductum	führen, ziehen, glauben, meinen, halten für
abdūcere	abdūcō	abdūxī	abductum	wegführen
addūcere	addūcō	addūxī	adductum	hinführen, veranlassen
condūcere	condūcō	condūxī	conductum	zusammenführen, anwerben, mieten
dēdūcere	dēdūcō	dēdūxī	dēductum	wegführen, hinführen, hinbringen
ēdūcere	ēdūcō	ēdūxī	ēductum	herausführen
indūcere	indūcō	indūxī	inductum	(hin)einführen, verführen, verleiten
prōdūcere	prōdūcō	prōdūxī	prōductum	(vor)führen, hervorbringen
redūcere	redūcō	redūxī	reductum	zurückführen
trādūcere	trādūcō	trādūxī	trāductum	hinüberführen, hinüberbringen

cēdere und Komposita

cēdere	cēdō	cessī	cessum	gehen, weichen, nachgeben
accēdere	accēdō	accessī	accessum	herantreten, hinzukommen
concēdere	concēdō	concessī	concessum	erlauben, zugestehen, nachgeben
dēcēdere	dēcēdō	dēcessī	dēcessum	weggehen, sterben
discēdere	discēdō	discessī	discessum	auseinandergehen, weggehen
prōcēdere	prōcēdō	prōcessī	prōcessum	weitergehen, vorrücken, vorankommen
succēdere	succēdō	successī	successum	nachfolgen, herangehen, sich nähern

ANHANG

mittere und Komposita

mittere	mittō	mīsī	missum	schicken, werfen, gehen lassen
admittere	admittō	admīsī	admissum	zulassen
āmittere	āmittō	āmīsī	āmissum	verlieren, aufgeben, fortschicken
committere	committō	commīsī	commissum	anvertrauen, übergeben, zustandebringen, begehen, beginnen
dēmittere	dēmittō	dēmīsī	dēmissum	hinablassen, senken
dīmittere	dīmittō	dīmīsī	dīmissum	wegschicken, entlassen
omittere	omittō	ommīsī	omissum	übergehen, aufgeben, unterlassen
permittere	permittō	permīsī	permissum	erlauben, überlassen
prōmittere	prōmittō	prōmīsī	prōmissum	versprechen

agere und Komposita

agere	agō	ēgī	āctum	treiben, betreiben, handeln, verhandeln
cōgere	cōgō	coēgī	coāctum	zwingen, versammeln
exigere	exigō	exēgī	exāctum	vollenden, (ein)fordern

legere und Komposita

legere	legō	lēgī	lēctum	lesen, sammeln, auswählen
colligere	colligō	collēgī	collēctum	sammeln, erwerben
dēligere	dēligō	dēlēgī	dēlēctum	auswählen
ēligere	ēligō	ēlēgī	ēlēctum	auswählen
dīligere	dīligō	dīlēxī	dīlēctum	lieben, schätzen, hochachten
intellegere	intellegō	intellēxī	intellēctum	verstehen, erkennen, begreifen, wahrnehmen
neglegere	neglegō	neglēxī	neglēctum	vernachlässigen, geringschätzen

Verbfamilien

emere und Komposita

emere	emō	ēmī	ēmptum	*kaufen*
adimere	adimō	adēmī	adēmptum	*wegnehmen, rauben*
sūmere	sūmō	sūmpsī	sūmptum	*nehmen*
cōnsūmere	cōnsūmō	cōnsūmpsī	cōnsūmptum	*verbrauchen*

vertere und Komposita

vertere	vertō	vertī	versum	*drehen, wenden, vernichten*
animad-vertere	animad-vertō	animad-vertī	animad-versum	*wahrnehmen, vorgehen (gegen)*
āvertere	āvertō	āvertī	āversum	*abwenden, vertreiben, fernhalten*
convertere	convertō	convertī	conversum	*umwenden, verwandeln*
ēvertere	ēvertō	ēvertī	ēversum	*umstürzen, zerstören*

aspicere und Komposita

aspicere	aspiciō	aspexī	aspectum	*erblicken, ansehen*
cōnspicere	cōnspiciō	cōnspexī	cōnspectum	*erblicken, ansehen*
dēspicere	dēspiciō	dēspexī	dēspectum	*herabsehen, verachten*
perspicere	perspiciō	perspexī	perspectum	*durchschauen, erkennen, genau betrachten*
prōspicere	prōspiciō	prōspexī	prōspectum	*ausschauen, vorhersehen, (vor)sorgen*

iacere und Komposita

iacere	iaciō	iēcī	iactum	*werfen, schleudern*
adicere	adiciō	adiēcī	adiectum	*hinzufügen*
conicere	coniciō	coniēcī	coniectum	*(zusammen)werfen, vermuten*
ēicere	ēiciō	ēiēcī	ēiectum	*hinauswerfen, vertreiben*
obicere	obiciō	obiēcī	obiectum	*entgegenstellen, vorwerfen*
subicere	subiciō	subiēcī	subiectum	*unterwerfen, unter etwas werfen, setzen, stellen, legen*

ANHANG

facere und Komposita

facere	faciō	fēcī	factum	*machen, tun*
afficere	afficiō	affēcī	affectum	*versehen mit*
cōnficere	cōnficiō	cōnfēcī	cōnfectum	*vollenden, fertig machen*
dēficere	dēficiō	dēfēcī	dēfectum	*fehlen, ausgehen, abfallen (von)*
efficere	efficiō	effēcī	effectum	*bewirken, schaffen, herstellen*
interficere	interficiō	interfēcī	interfectum	*töten, vernichten*
perficere	perficiō	perfēcī	perfectum	*vollenden, durchsetzen*
reficere	reficiō	refēcī	refectum	*wiederherstellen, kräftigen*

capere und Komposita

capere	capiō	cēpī	captum	*fassen, nehmen, fangen, erobern*
accipere	accipiō	accēpī	acceptum	*annehmen, empfangen, aufnehmen, vernehmen*
dēcipere	dēcipiō	dēcēpī	dēceptum	*betrügen, täuschen, entgehen*
excipere	excipiō	excēpī	exceptum	*eine Ausnahme machen, aufnehmen*
incipere	incipiō	coepī	inceptum (coeptum)	*anfangen, beginnen*
praecipere	praecipiō	praecēpī	praeceptum	*vorschreiben, (be)lehren, vorwegnehmen*
recipere	recipiō	recēpī	receptum	*zurücknehmen, aufnehmen*
suscipere	suscipiō	suscēpī	susceptum	*auf sich nehmen, übernehmen*

Deponentia
1. oder a-Konjugation

arbiträri, arbitror, arbitrātus sum	*glauben, meinen, halten für*
cōnāri, cōnor, cōnātus sum	*versuchen, unternehmen, wagen*
hortāri, hortor, hortātus sum	*ermahnen, auffordern*
imitāri, imitor, imitātus sum	*nachahmen,*
mīrāri, mīror, mīrātus sum	*sich wundern, bewundern*
morāri, moror, morātus sum	*(sich) aufhalten*
precāri, precor, precātus sum	*bitten*
suspicāri, suspicor, suspicātus sum	*vermuten, Verdacht schöpfen*
versāri, versor, versātus sum	*sich aufhalten, sich befinden, sich beschäftigen (mit)*

2. oder e-Konjugation

fatēri, fateor, fassus sum	*bekennen, gestehen, zugeben*
merēri, mereor, meritus sum	*sich verdient machen*
pollicēri, polliceor, pollicitus sum	*versprechen*
rēri, reor, ratus sum	*meinen, glauben, halten für*
tuēri, tueor	*betrachten, schützen, sorgen für*
verēri, vereor, veritus sum	*fürchten, scheuen, verehren*
vidēri, videor, vīsus sum	*scheinen*

4. oder i-Konjugation

experīri, experior, expertus sum	*erfahren, erproben*
mōlīri, mōlior, mōlītus sum	*in Bewegung setzen, unternehmen, schaffen, beabsichtigen*
orīri, orior, ortus sum	*entstehen, abstammen, sich erheben, aufgehen*

ANHANG

3. Konjugation
Konsonantenstämme

loquī, loquor, locūtus sum	*sprechen, reden*
nāscī, nāscor, nātus sum	*geboren werden, entstehen*
nītī, nītor, nīxus (nīsus) sum *m. Abl.*	*streben, sich bemühen, sich verlassen auf*
oblivīscī, oblīvīscor, oblītus sum *m. Gen.*	*vergessen, übersehen*
proficīscī, proficīscor, profectus sum	*aufbrechen, reisen, marschieren*
querī, queror, questus sum	*klagen*
sequī, sequor, secūtus sum *m. Akk.*	*folgen, befolgen*
cōnsequī, cōnsequor, cōnsecutus sum	*verfolgen, einholen, erreichen*
ūtī, ūtor, ūsus sum *m. Abl.*	*benutzen, gebrauchen*

i-Stämme

aggredī, aggredior, aggressus sum	*angreifen, herangehen*
ēgredī, ēgredior, ēgressus sum	*herausgehen, verlassen*
prōgredī, prōgredior, prōgressus sum	*vorrücken, fortschreiten*
morī, morior, mortuus sum	*sterben*
patī, patior, passus sum	*leiden, dulden, zulassen*

Semi-Deponentia
2. oder e-Konjugation

audēre, audeō, ausus sum	*wagen*
gaudēre, gaudeō, gāvīsus sum *m. Abl.*	*sich freuen*
solēre, soleō, solitus sum	*pflegen, gewohnt sein*

3. Konjugation
Konsonantenstämme

cōnfidere, cōnfidō, cōnfisus sum	*vertrauen*
revertī, revertor, revertī, (reversus)	*zurückkehren*

GLOSSAR

Ablativ

Der Ablativ ist im Lateinischen der so genannte 6. Fall und findet im Deutschen keine Entsprechung. Er kann in verschiedenen Funktionen vorkommen und muss dann unterschiedlich übersetzt werden. Der Ablativ der Trennung (**ablativus separativus**) ist der eigentliche Ablativ.

Er bezeichnet den Ausgangspunkt einer Bewegung, steht bei Verben des Wegnehmens und Entbehrens. Auch der Ablativ des Vergleichs (**ablativus comparationis**) ist eine Unterart des **Separativs**.

Als Bezeichnung des Ausgangspunktes einer Bewegung steht er bei den Eigennamen von Städten, Dörfern und kleineren Inseln. Er beantwortet die Frage ‚woher?‘ Der Ablativ beantwortet als **Instrumentalis** auch die Fragen ‚womit? wodurch?‘

Ablativus absolutus/Abl.abs.

Typische lateinische Partizipialkonstruktion, bei der das Bezugswort und (zumeist) ein Partizip im Ablativ stehen. Der Abl. abs. ist ein **Adverbiale** zum Hauptsatz.

absoluter Tempusgebrauch

Der Tempusgebrauch im Gliedsatz ist vom Verb des übergeordneten Satzes unabhängig.

AcI/Accusativus cum Infinitivo

(Akkusativ mit Infinitiv)
Der AcI antwortet auf die Frage ‚Wen oder was?‘ Der AcI hängt im Satz von einem übergeordneten Verb („Kopfverb"; z.B. ein Verb des Sprechens, des Fühlens, der Meinungsäußerung etc.) ab und wird in der Regel mit einem „dass"-Satz übersetzt.

Adverbiale

(Umstandsbestimmung)
Eine grammatisch nicht notwendige Möglichkeit der Satzergänzung, die erweiternde Fragen (‚Wie? Wo? Wann? Warum? Womit? Zu welchem Ziel?‘) beantwortet. Es besteht aus einem **Ablativ**, einem **Participium Conjunctum**, einem **Ablativus Absolutus** oder einem Nebensatz.

Apposition

(*apponere* hinzufügen)
Es handelt sich um eine nicht obligatorische (inhaltliche) Ergänzung, meist zu einem Substantiv. Eine Apposition steht zwischen Kommata.

Asyndeton

Stilmittel der unverbundenen Reihung.

Attribut

(*attribuere* zuteilen)
Satzglied, das nicht vom Prädikat abhängt, sondern vom Nomen und dies näher bestimmt. Adjektive, Pronomen, Zahlwörter und **Nominalformen des Verbums** können als Attribute erscheinen. Sie antworten auf die Frage ‚Was für einer? Welcher?‘ und stehen mit ihrem Bezugswort in KNG-Kongruenz.

casus obliqui

Alle Fälle außer Nominativ oder **Vokativ**. Fälle können nicht ohne ein Satzglied im Nominativ auftreten. Sie müssen sich an ein anderes Satzglied anlehnen und werden daher entsprechend "abhängige Fälle" genannt.

GLOSSAR

casus recti

Nominativ und **Vokativ** sind "unabhängige Fälle" (*casus recti*). Die übrigen Fälle können ohne ein Satzglied im Nominativ nicht auftreten.

"Defektive" Verben

(*verba defectiva*)
Diese Verben werden als „defektiv" (*deficere* fehlen) bezeichnet, weil sie nicht alle Formen bilden können.

Deponentien

(*deponere* ablegen)
sind Verben, die nur passive Formen bilden und trotzdem im Deutschen immer aktive Bedeutung haben. Sie kommen in allen Konjugationen vor und werden wie das Passiv anderer Verben ihrer Gruppe konjugiert. Im Wörterbuch erkennt man sie daran, dass sie immer in der 1. Pers. Sg. Präs. Pass. Ind. genannt werden.

Flexion

(*flectere* beugen)
Die grammatische Funktion eines Wortes innerhalb des Satzgefüges wird unter anderem durch seine Beugung, die sogenannte Flexion, deutlich gemacht.

Genus verbi

Gibt an, ob sich eine Handlung im Aktiv vollzieht oder im Passiv vollzogen wird.

Gerundium

substantivierter Infinitiv (z.B. loben, das Loben; handeln, die Handlung); als solcher kann es im Singular dekliniert werden.

Gerundivum

Im Deutschen gibt es keine vergleichbare Verbform. Man definiert es als **Verbaladjektiv**. Im Deutschen wird es oft mit einem Adjektiv übersetzt: Ein zu liebendes Kaninchen = ein liebenswertes Kaninchen.

Hortativ

(*hortari* auffordern)
Mit dem Hortativ werden Aufforderungen an die 1. Person Plural im Konjunktiv Präsens formuliert. (Lasst uns nach Hause gehen!)

Hyperbaton

Stilmittel der Sperrung/ Gesperrtstellung, bei dem zusammengehörige Wörter bewusst voneinander getrennt werden, um einzelne Aspekte besonders hervorzuheben.

Hypotaxe

(Satzgefüge)
Konstruktion, die nicht nur aus gleichberechtigten Hauptsätzen, sondern auch aus abhängigen, untergeordneten Gliedsätzen besteht. Sie werden als abhängig bezeichnet, weil sie nicht alleine, sondern nur in einem Satzgefüge auftreten können, das aus mindestens einem Hauptsatz und beliebig vielen Gliedsätzen besteht.

Imperativ (I, II)

(*imperare* befehlen)
Man unterscheidet zwei Arten des Imperativs. Der häufiger gebrauchte **Imperativ I** wird für Aufforderungen und Befehle oder Ratschläge benutzt. Er spricht die 2. Person Singular oder Plural direkt an, steht jedoch ohne Personalpronomen:
veni! Komm (mit)! oder *venite!* Kommt (mit)!
Ein Wunsch oder Befehl, der in der nahen oder

fernen Zukunft verwirklicht werden soll, wird durch den **Imperativ II** ausgedrückt. Er kommt seltener vor als der Imperativ I und wird meistens eingesetzt, wenn es um allgemeine Vorschriften, Gesetze oder Lebensregeln geht. Er richtet sich an die 2. oder 3. Person Singular oder Plural.

Instrumentalis

Kasus der indogermanischen Sprache, der zum **Ablativ** verschmolz. Er antwortet auf die Frage ‚Womit? Wodurch?'

Irrealis der Gegenwart

formuliert eine Angabe, die nicht in Wirklichkeit eintreten wird.

Irrealis der Vergangenheit

formuliert eine verpasste Handlungsmöglichkeit in der Vergangenheit.

Iussiv

(*iubere* befehlen, beauftragen)
Mit dem Iussiv werden Aufforderungen an die 2. und 3. Person Singular und Plural im Konjunktiv Präsens ausgedrückt. (Er soll den Vater rufen!)

(KNG-)Kongruenz

Übereinstimmung in Kasus, Numerus und Genus. Vereinfacht wird häufig von „KNG- Kongruenz", „KN- Kongruenz" oder „NG- Kongruenz"gesprochen.

Kopfverb

Übergeordnetes Verb, von dem der **AcI** abhängt.

Korrelativpronomen

Fürwörter der Wechselbeziehung , z.B. *talis - qualis* u.a.

Lokativ

Kasus der indogermanischen Sprache, der teilweise mit dem **Ablativ** verschmolz. Er antwortet auf die Frage ‚Wo?'

NcI/Nominativus cum Infinitivo

(Nominativ mit Infinitiv)
Bei manchen transitiven Verben tritt bei der Umformung ins Passiv an die Stelle des **AcI** eine Infinitivkonstruktion mit einem Nominativ. Der Nominativ ist dabei zugleich Subjekt des übergeordneten Satzes. Wie der **AcI** kann der NcI am besten mit einem „dass"-Satz übersetzt werden.

Nominalform des Verbums

Durch Substantivierung von Verben entstehen die sogenannten Nominalformen der Verben. Dazu gehören **Verbalsubstantive** und **Verbaladjektive,** die Eigenschaften eines Nomens und eines Verbs haben. Sie werden aus Verben gebildet, wie Nomen dekliniert und als nominale Satzglieder behandelt.

Optativ

(*optare* wünschen)
Ein Modus des Verbs, der Wünsche oder Möglichkeiten bezeichnet.

Parataxe

(Satzreihe)
Konstruktion, in der gleichberechtigte Sätze aneinandergereiht sind. Eine Parataxe besteht aus zwei oder mehr Hauptsätzen.

GLOSSAR

Participium coniunctum/P.c.

(*coniunctum* verbunden)
Alle Partizipien können als Participium coniunctum verwendet werden.
Die Besonderheit des P.c. ist, dass das Bezugswort allein (ohne das Partizip) eine **syntaktische Funktion** im Satz erfüllt, d.h. es kann Subjekt, Objekt etc. sein. Wenn man das Partizip streichen würde, wäre der Satz trotzdem grammatisch vollständig. Das Partizip erklärt als **Attribut** das integrierte Nomen oder als **Adverbiale** das Satzgeschehen näher, ist also unmittelbar mit dem Satz verbunden (*coniunctum*).

Partizipialstamm/Supinstamm

3. Stammform, mit ihr werden Perfekt, Plusquamperfekt und Futur II im Passiv gebildet, sowie das Partizip Perfekt Passiv (PPP), Partizip Futur Aktiv (PFA), Infinitiv Perfekt Passiv und Infinitiv Futur Aktiv und Passiv-Supinum I und II (davon der Name Supinstamm).

pluralia tantum

Substantive, die ihrer Bedeutung wegen nur im Plural vorkommen.

Positiv

Grundstufe eines Adjektivs oder Adverbs (ohne Steigerung).

Possessivpronomen

besitzanzeigende Fürwörter

Potentialis der Gegenwart

(*potestas* Möglichkeit):
drückt eine Annahme/Vermutung aus.

Potentialis der Vergangenheit

drückt eine Möglichkeit in der Vergangenheit aus.

Prädikativum

Das Prädikativum vereinigt die **syntaktische Funktion** von Adverb und **Attribut**. Substantive, Adjektive und Partizipien können als Prädikativum in Erscheinung treten. Mit einem Prädikativum beschreibt man die Verbalhandlung näher und gleichzeitig auch das Beziehungswort, zu dem es in **KNG-Kongruenz** steht. Bsp.: *Cuniculus salvus viam transiit.* (Das Kaninchen überquerte unversehrt die Straße.) Hier geht es nur um den Moment, in dem das Kaninchen die Straße überquert. Wie es ihm vorher oder nachher geht, bleibt außer Acht.

Prädikatsnomen

Das Prädikatsnomen ist Teil des Prädikats, es kann ein Substantiv im Nominativ, ein Pronomen, ein Adjektiv ein Adverb oder ein Infinitiv sein. Dabei tritt es mit einer Form von *esse* oder einer Wendung wie den folgenden auf:
zu etwas machen/ernennen/wählen
zum Nutzen/Nachteil sein,
zu Ehre gereichen
am Herzen liegen etc.

Pronominaladjektive

Bestimmte Adjektive werden Pronominaladjektive genannt, weil sie durch ihre Kasusendungen im Genitiv Singular (*-ius*) und Dativ Singular (*-i*) und durch ihre Bedeutung zeigen, dass sie den Pronomen nahe stehen, z.B. *unus, -a, -um, solus, -a, -um, totus, -a, -um* etc.

Reflexivpronomen
rückbezügliche Fürwörter

Relativpronomen
bezügliche Fürwörter

Relativsatz/Attribut
Solche Sätze enthalten eine nähere Bestimmung zu einem Nomen, einer Sache oder einem Sachverhalt.

Satzaussage
(Prädikat)
Das Prädikat ist die zentrale Einheit eines Satz. Es besteht aus mindestens einem finiten Verbform. Es gibt an, welche Handlung in einer bestimmten Zeit vollzogen wird.

Satzwertige Konstruktionen
Wenn zusätzlich zur **Nominalform** des Verbs eine handelnde Person oder Sache genannt wird, auf die sich die Verbalinformation bezieht, spricht man von "satzwertigen Konstruktionen". Diese Konstruktionen können die Funktion von Gliedsätzen übernehmen und werden häufig als solche übersetzt. Ihre Besonderheit ist, dass sie im Lateinischen nur aus wenigen Worten bestehen und der lateinische Sprecher durch sie mit wenigen Worten viel sagen kann.

Semantik
Bedeutungslehre

Semideponentien
Verben, die nur einen Teil der Formen (entweder im Präsens- oder Perfektstamm) wie Deponentien bilden.

Separativ
(*separare* trennen)
Der Ablativ der Trennung, der wegen seines lateinischen Namens oft als Separativ bezeichnet wird, ist der eigentliche **Ablativ**.

singularia tantum
Substantive, die ihrer Bedeutung wegen nur im Singular vorkommen.

Stammform
Verbformen zur Zeitenbildung. Sie nennen die aktive Präsens- und Perfektform jeweils in der 1.Pers. Sg. Ind. und – falls vorhanden – das Partizip Perfekt Passiv eines Verbs.
(Bsp: *facere - facio - feci - factum*)

syntaktische Funktion
Gibt an, welche grammatische Funktion das jeweilige Wort innerhalb des Satzes einnimmt.

Syntax
Satzlehre

Temporalsatz
(*tempus* Zeit)
Temporalsätze enthalten eine Zeitangabe.

Tempus
(*tempus, -oris,* n. Zeit)
Beschreibt, wann eine Handlung vollzogen wird. Das Lateinische kennt sechs Tempora: Präsens, Imperfekt, Futur I und II, Perfekt und Plusquamperfekt.

GLOSSAR

Valenz
(Wertigkeit)
Beschreibt die Anzahl von Satzgliedern, die
ein Verb erfordert. Die meisten Verben erfor-
dern ein Subjekt und ein Objekt.

Verba defectiva
("defektive" Verben)
Diese Verben werden als „defektiv"
(*deficere* fehlen) bezeichnet, weil sie nicht alle
Formen bilden können.

Verbaladjektive / Verbalsubstantive
Durch die Substantivierung der Verben ent-
stehen Verbalsubstantive und Verbaladjektive,
die Eigenschaften eines Nomens und eines
Verbs haben. Sie werden aus Verben gebildet,
wie Nomen dekliniert und als nominale Satz-
glieder behandelt.

Vokativ
Anredeform (*vocare* rufen, nennen)
Dieser Kasus wird in den Deklinationstabellen
nicht aufgeführt, da er seine grammatischen
Formen gleich dem Nominativ bildet. Nur bei
den Wörtern der *o*-Deklination auf *-us* und *-ius*
bildet er eigene Formen.